Holger Wyrwa
Damit unsere Kinder eine Zukunft haben

Holger Wyrwa

Damit unsere Kinder eine Zukunft haben

21 Erziehungsstrategien
für das 21. Jahrhundert

Kreuz

Für Bärbel

Inhalt

Teil II 21 Erziehungsstrategien für das 21. Jahrhundert

Die Zukunft –
ein Niemandsland für Kinder?

Die große Bedrohung des nächsten Jahrtausends für den Menschen wird die sein, dass er keine Beziehung zum eigenen Ich mehr haben wird. Wächst die heranwachsende Generation ohne Identität auf, dann wächst sie ohne ein Bewusstsein davon auf, was es heißt, ein Mensch zu sein.

Eltern wünschen sich, dass ihre Kinder zu selbstbewussten, glücklichen und erfolgreichen Menschen heranwachsen. Doch die zunehmende Orientierungslosigkeit, die in unserer Gesellschaft herrscht, zerstört Schritt für Schritt die Psyche unserer Kinder. Wir müssen diesen Prozess stoppen, wollen wir nicht riskieren, dass immer mehr Kinder und Jugendliche zu antriebslosen, orientierungslosen und willenlosen Geschöpfen werden. Zu Geschöpfen, die sich selbst fremd sind, die zu Spielbällen ihrer eigenen für sie unkontrollierbaren Lust- und Unlustgefühle und zu Marionetten einer ständig wachsenden Konsumindustrie werden.

Da ihnen die Fähigkeiten fehlen, diesen Entwicklungen entgegenzutreten, führt dieser Umstand fast zwangsläufig zu einem allmählichen Anstieg von Verhaltensauffälligkeiten, psychischen Störungen auf der einen und einem nicht weniger beklagenswerten Anstieg von Egoismus und emotionaler Gleichgültigkeit auf der anderen Seite. Die Zeichen für diese fortschreitende humane Katastrophe sind alarmierend und von erschreckender Deutlichkeit. Die Weltgesundheitsorganisation schlägt Alarm und beschreibt die heranwachsenden Generationen als eine psychisch besonders gefährdete Gruppe.

Prinzipiell ist jedes Kind gefährdet, und immer mehr Kinder und Jugendliche in unserer Gesellschaft werden in ihrem Verhalten auffällig oder leiden an Verhaltensstörungen. Die Bandbreite hierbei ist enorm. Sie reicht von Aggressionen, Entwicklungsstörungen und -verzögerungen, Ängsten und Depressionen bis hin zu Alkoholmissbrauch, Drogenabhängigkeit und psychosomatischen Störungen. Parallel dazu entwickeln sich weniger auffällige aber deshalb nicht weniger Besorgnis erregende Verhaltensweisen. Diese kommen in steigender Konsumorientierung, in der Unverbindlichkeit ständig wechselnder Kicks, Thrills und Unterhaltungsangebote, in oft maßlosem Egoismus und in einer erschreckend anmutenden Beziehungsunfähigkeit und Lieblosigkeit zum Ausdruck. Aber auch die verzweifelte Suche nach eindeutiger und absoluter Sicherheit und Geborgenheit gehört dazu, die Jugendliche veranlasst, sich neonazistischen Gruppierungen, dubiosen Psychosekten oder extremen religiösen Vereinigungen anzuschließen.

Eine gemeinsame Basis für diese unterschiedlichen Fehlentwicklungen – wenn auch nicht der einzige Grund – ist ein eklatanter Mangel an Identität. Ein solcher Mangel drückt sich in der steigenden Unfähigkeit von Kindern und Jugendlichen aus, sich mit dem eigenen Ich intensiv und systematisch auseinander zu setzen, was eine Voraussetzung für die Entwicklung von Identität darstellt. Dieses Fehlen von identitätsbildender Innerlichkeit führt dazu, dass sie sich nur noch an den Oberflächen des Sichtbaren bewegen können und die Innenansichten des eigenen Ich vollständig brach liegen. Doch vor allem die Fähigkeit, sich selbst – seine eigenen Möglichkeiten wie auch die eigenen

Grenzen – zu erkennen und zu kennen, ist eine unverzichtbare Voraussetzung dafür, mit den hoch komplexen Anforderungen und Herausforderungen unserer Zeit angemessen umgehen zu können.

Kinder und Jugendliche benötigen aus diesem Grunde ein Höchstmaß an Identität, wenn sie in einer ständig sich verändernden Welt überleben wollen.

Identität ist das Gesicht, das einem Menschen im Spiegel begegnet, wenn er in ihn hineinsieht und dieser ihm zeigt, wer und was er im Vergleich zu anderen Menschen ist. Ist dieses Identitätsbewusstsein nicht vorhanden, sieht ein solcher Mensch im Spiegel nur eine unkenntliche Masse, nur die undeutlichen und verzerrten Konturen eines Gesichtes, dem jegliche Ausprägung und Individualität fehlt. Identität ist eine Qualität des Bewusstseins, das aus einem Menschen erst ein unverwechselbares Wesen macht. Sie ist die Basis dafür, dem eigenen Leben einen Sinn geben und sich in einer chaotischen Welt orientieren zu können.

Somit zeigt sich das konsequent zu Ende gedachte identitätslose menschliche Geschöpf darin, dass sein Denken, Fühlen und Handeln hochgradig instabil sein wird. Es wird beherrscht sein von kaum zu bändigenden emotionalen Aufwallungen, die spontan befriedigt werden müssen. Dieses haltlose und unverbindliche »Ich« wird abhängig sein von dem, was ihm im Augenblick gefällt und gefällig ist. Es wird den jeweiligen vorherrschenden gesellschaftlichen Trends und Moden wahllos ausgeliefert sein und sich jedem Unterhaltungskick willenlos hingeben. Die Mentalität des sofortigen Haben-Wollens, die ich in meinen Büchern *Die Schlaraffenlandkinder* und *Endstation Schlaraffenland* beschrieben habe, wird als Endzeit-Lustprinzip das Lebensziel eines Großteils der nachfolgenden Generationen sein. Kultur kann es dann nicht mehr geben – und wenn doch, dann nur noch als eine kultivierte Form der Barbarei.

Die Überflutung mit sich widersprechendem Wissen, die Brüche, die Menschen in ihren Einstellungen und Überzeugungen täglich hinnehmen müssen, die Gegensätzlichkeit und Widersprüchlichkeit, mit der sie ständig konfrontiert werden und auch an sich erleben, lassen Menschen oft an der Sinnhaftigkeit der Welt und ihres Lebens zweifeln. So fehlen insbesondere den älteren Kindern und den Jugendlichen die Zukunftsperspektiven und ein tragfähiger Sinn im Leben.

Dieses Szenario ist nicht nur eine Horrorvision des Kommenden. In Teilen hat es sich bereits eingestellt. Schon heute leidet eine Vielzahl Jugendlicher unter mehr oder weniger verdeckten Identitätsstörungen, die sich u.a. in Verhaltensauffälligkeiten und -störungen äußern können. Gerade bei den Zehn- bis Fünfundzwanzigjährigen ist ein Trend zu beobachten, der sich durch eine Erhöhung chronischer Krankheiten, psychosomatischer Störungen und Suchtkrankheiten zeigt. Etwa 15 Prozent der Grundschulkinder und 10 Prozent der Jugendlichen erleben Angstzustände. 25 Prozent aller Kinder von dreieinhalb bis vier Jahren sind in ihrer sprachlichen Entwicklung zurückgeblieben. Ca. 500.000 alkoholkranke Jugendliche gibt es in Deutschland. Rund ein Drittel der Zwölf- bis Siebzehnjährigen greift mindestens einmal wöchentlich zu Medikamenten gegen Schulstress und Leistungsüberforderung. Dies sind nur einige Zahlen, die die angesprochene Problematik verdeutlichen.

Kinder leiden auch zunehmend an Beeinträchtigungen ihrer physischen Gesundheit, die sich in unterschiedlichsten Störungen zeigen und teilweise schon einen chronischen Charakter haben, wie etwa Erschöpfungszustände, Nervosität und Unruhe, Erkrankungen der Atemwege und des Verdauungstraktes, Magenverstimmungen, Schlafstörungen, Unausgeruhtheit, Müdigkeit, Gereiztheit, Überforderung, Einsamkeit, Selbstmordtendenzen. Darüber hinaus werden Medikamente wie Schmerzmittel, Grippemittel, Anregungs- und Beruhigungsmittel bereits von Kindern im Grundschulalter in nicht geringem Maße eingenommen.

Identitätslosigkeit ist wie bereits gesagt nicht der einzige Grund für den Anstieg psychischer Störungen und Verhaltensauffälligkeiten bei Kindern und Jugendlichen. Aber er ist ein wichtiger nicht zu vernachlässigender Faktor bei deren Entstehung. Denn mit einer gesunden, d.h. identitätsstarken Psyche ist die Gefahr, an der Unübersichtlichkeit und Schnelllebigkeit der Welt zu scheitern, wesentlich geringer.

Identitätsstörungen sind der Spiegel unserer Gesellschaft. Sie zeigen uns ungeschminkt, woran unsere Gesellschaft krankt. Kinder wie Erwachsene sind von der Problematik der Identitätsverkümmerung betroffen. Auch Erwachsene sind überfragt, überinformiert, überlastet, überfordert und oft selbst kaum noch dazu in der Lage, ihre eigene Identität zu schützen. Während Erwachsene unter diesem Zustand »lediglich« leiden, werden Kinder und Jugendliche letztlich an ihm zugrunde gehen. Denn sie haben im Gegensatz zu den meisten Erwachsenen – aufgrund ihres noch naturgemäß geringen Erfahrungshintergrundes – keine Grundlagen, auf denen sie eine stabile Identität aufbauen, geschweige denn diese schützen könnten.

Statt dessen wachsen sie ungeschützt in einem gesellschaftlichen System auf, das ihnen nur noch Konsum verspricht, aber keinen inneren Halt mehr zu geben vermag. Als Jugendliche schließlich können sie deshalb nur auf Identitätssplitter zurückgreifen, die sie nicht wirkungsvoll zur Bewältigung ihrer aktuellen Probleme einsetzen können. Was bleibt sind konturlose Kinder und Jugendliche in einer wahrhaft konturlosen Zeit. Das daraus resultierende Empfinden von Unsicherheit und Sinnlosigkeit, von Ohnmacht und Ausweglosigkeit ist das Grundgefühl des Menschen im soeben begonnenen 21. Jahrhundert geworden und wird es noch für eine lange Zeit bleiben.

Geben wir den Kindern die Möglichkeit, eine stabile Identität zu entwickeln, werden sie zu verantwortungs- und selbstbewussten Menschen heranwachsen. Allein ein kritisches und differenziertes Bewusstsein kann sie davor bewahren, sich in einer unübersichtlichen Welt nicht selbst zu verlieren. Kinder benötigen eine stabile Identität, so wie sie Nahrung und Liebe brauchen.

Was unsere Gesellschaft somit dringend benötigt ist eine Identitätskultur, die den Mangel an Identität sowohl bei Kindern und Jugendlichen als auch bei Erwachsenen erfolgreich kompensieren kann. Die systematische Entwicklung einer stabilen Identität ist als eine bewusst vollzogene Kultivierung des Ich unumgänglich, um ein Gegengewicht zu den unaufhörlich sich vollziehenden gesellschaftlichen und individuellen Veränderungen zu setzen.

Von den rasanten gesellschaftlichen Veränderungen wurden wir überrascht. Das Chaos der Unübersichtlichkeit, Komplexität und Pluralität hat den Menschen in der zweiten Hälfte des vergangenen 20. Jahrhunderts vollständig unvorbereitet getroffen. Zehntausende von Jahren lang hat der Mensch vorherrschend in und aus dem Bewusstsein gelebt, dass die Erfahrung der geistigen Stabilität bzw. Sicherheit ein mehr oder weniger selbstverständliches Faktum ist. Über Religion und Wissenschaft hat die Menschheit lange Zeit in dem Bewusstsein gelebt, dass Sinn und Orientierung in einem absoluten und relativ nicht hinterfragbaren Verständnis zu erlangen war. Doch nun befinden wir uns an der Schwelle zu einen neuen Evolutionssprung, der weniger die körperliche, sondern vielmehr die geistige Entwicklung des Menschen betrifft. Der Mensch ist gezwungen, sich seine Identität selbst zu schaffen und dabei eine sinnvolle Balance zwischen Bewahrung und Veränderung bzw. zwischen Stabilität und Flexibilität der Identität aufzubauen.

Eine stabile Identität zu entwickeln bedeutet, relativ klare und dauerhafte Bezugspunkte für das eigene Denken, Fühlen und Handeln zu haben. Denn nur sie geben einem Menschen die nötige Orientierung bzw. die nötige Basis, auf die er bei der Lösung von aktuellen Problemen und Krisen zurückgreifen kann. In einer Zeit ständigen Wandels darf eine Identität jedoch auch nicht starr und unflexibel sein. Stabilität schließt Flexibilität nicht von vornherein aus. Beides kann sich sinnvoll ergänzen. Flexibilität beinhaltet die Fähigkeit, Veränderungen – seien sie nun gesellschaftlicher, beruflicher oder privater Natur – offen gegenüberstehen und sich ihnen bei Bedarf anpassen zu können. Ohne die Fähigkeit zur Flexibilität wird der Mensch in einer Welt ständiger Veränderungen nicht überleben können. Flexibilität wird hierbei zu einer Schlüsselqualifikation für den privaten wie für den beruflichen Erfolg.

Identität zu erlangen ist in unserer heutigen Zeit nichts mehr, was sich von selbst ergibt. Kinder und Jugendliche bei der Bildung eines stabilen und flexiblen Identitätsbewusstsein zu unterstützen ist eine Aufgabe der Erziehung geworden. Eltern, Pädagogen, dem Staat obliegt es, dafür Sorge zu tragen.

Es mag für Sie als Leserinnen und Leser verblüffend sein, nach all dem voran Gesagten zu erfahren, dass eine Erziehung zur Identität mit verhältnismäßig einfachen Mitteln möglich ist. Wie es Eltern – aber auch Erziehern und Lehrern – gelingen kann, dieses Ziel zu erreichen bzw. dazu beizutragen, will dieses Buch aufzeigen. Eltern können die Zukunft ihrer Kinder entscheidend mitgestalten, indem sie die Grundlagen für die Bildung eines starken Identitätsbewusstseins legen.

Im ersten Teil dieses Buches wird der Frage nach der Entstehung und dem Verlust von Identität nachgegangen. Im zweiten Teil werden schließlich 21 Erziehungsstrategien vorgestellt, die Kinder – durch die Vermittlung ihrer Eltern – dazu befähigt, eine stabile Identität im Laufe ihrer Entwicklung zu erwerben.

Je eher wir erkennen, dass ohne eine derartige Erziehung zur Identität Kinder keine Zukunft haben, und je eher wir etwas dagegen unternehmen, umso größer wird die Chance sein, erfolgreich gegen einen Missstand unserer westlichen Kultur anzutreten. Einen Missstand, der die Innenansichten der Seelen unserer Kinder und Jugendlichen zerstört und ihre Oberflächlichkeit fördert. Das zu verhindern ist die Absicht dieses Buches.

Teil I

Die gefährdete Psyche unserer Kinder

Kapitel 1
Die Suche nach der sicheren Welt

>*»Wenn ich mir die Decke über den Kopf ziehe, kann mir*
>*nichts mehr passieren.«*
>*»Warum nicht?«*
>*»Dann tut mir keiner mehr weh!«*
>*»Aber du kannst nicht immer unter der Decke bleiben.«*
>*»Doch, kann ich!«*
>*»Irgendwann bekommst du Hunger und Durst oder*
>*musst zur Toilette, und zur Schule musst du auch.«*
>*»Dann nehme ich meine Decke einfach mit!«*

Identität ist ein äußerst vielschichtiges Phänomen. Sie lässt sich nicht mit einem einzigen Begriff beschreiben. Abgeleitet von dem frühlateinischen »idem«, was der-, die-, dasselbe meint, und von dem spätlateinischen »identitas«, was soviel wie Wesenseinheit bedeutet, beschreibt Identität üblicherweise einen Zustand der Einheit mit sich selbst. Etwas, das einem Individuum das Wissen vermittelt, dass sie/er morgen noch die/der Gleiche sein wird, die/der es heute ist und gestern war.

Sich von anderen Menschen hinsichtlich des Namens, der beruflichen wie privaten Lebensgeschichte, der Nationalität und des Geschlechts sowie durch geistige und körperliche Merkmale zu unterscheiden ist nur ein Teil dessen, was die Identität einer Person ausmacht. Ein darüber hinausgehendes Bewusstsein von sich selbst zu haben ist hingegen nicht so selbstverständlich, wie es auf den ersten Blick erscheinen mag. Eine solche auf die Psyche des Menschen bezogene Identität ist im Gegensatz zu den zuvor genannten Teilen von Identität nicht sichtbar oder durch äußere Fakten rekonstruierbar. Man kann sie weder messen noch fühlen. Psychische Identität – wie ich sie hier nennen möchte – ist ein unsichtbares Netz von Fähigkeiten, das uns Menschen das Wissen von unseren Stärken und Schwächen, unseren Möglichkeiten und Grenzen offenbart. Eine derartige Identität zu haben bedeutet, auf Bezugspunkte zurückgreifen zu können, um bewusste und differenzierte Entscheidungen zu treffen, Meinungen zu bilden und das Denken, Fühlen und Handeln zu reflektieren.

Diese Bezugspunkte beziehen sich zum einen auf das familiäre und gesellschaftliche Umfeld des Kindes. Die Eltern sind die ersten Bezugspunkte für ein Kind. Sie begegnen diesem als reale Personen aus Fleisch und Blut, an denen es sich orientieren kann. Sie geben ihm im besten Fall Geborgenheit, emotionale Nähe, setzen – wiederum im besten Fall – die nötigen Grenzen, vermitteln Normen und Werte.

Die Gesellschaft sollte ein weiterer Bezugspunkt sein. Doch sie ist es nur noch in einer abgeschwächten Form, wenn überhaupt. Ihre Entwicklung zu einer zunehmend pluralistischer werdenden Gesellschaft verhindert die nötige Einbindung der Kinder in ein gesellschaftliches Sicherheitsnetz. Sie bietet kaum noch Orientierungsangebote. Heutige Normen, Werte und Ideale beziehen sich nicht einfach auf eine vorherrschende Ideologie, der man nur zu folgen bräuchte. Heute gibt es ein Meer von Werten und Idealen, die sich durch ihre Widersprüchlichkeit und Vielfältigkeit ständig selbst relativieren. Keine Ideologie kann noch einen absoluten Anspruch erheben. Somit können Kinder nicht auf einen allgemein verbindlichen gesellschaftlichen Bezugspunkt zurückgreifen, der ihnen einen inneren Halt bieten könnte. Umso wichtiger werden daher die Eltern (die in unserer heutigen Welt allerdings häufig selbst orientierungslos sind), um ihren Kindern Werte, Normen und Ideale vorzuleben. Eltern haben die Möglichkeit, ihren Kindern unterschiedlichste identitätsbildende Fähigkeiten nahezubringen; diese werden im fünften und sechsten Kapitel vorgestellt.

So macht es u.a. die Vermittlung von Basisfähigkeiten möglich, dass Kinder ein differenziertes Bewusstsein ihrer selbst gewinnen können. Diese Basisfähigkeiten – anregend vermittelt durch die Eltern – stellen weitere Bezugspunkte dar, die für die psychische Entwicklung von Kindern notwendig sind. Sie beziehen sich auf die Entwicklung von Konzentration und Wille, von Phantasie und Reflexionsfähigkeit und auf die Ausbildung sozialen Verhaltens. Die Basisfähigkeiten vermitteln Kindern ein erstes Wissen von sich selbst. Einmal ausgebildet stellen sie eine unverwischbare Spur in der Persönlichkeit eines Menschen dar, auf die er sich beziehen kann, um differenzierte Entscheidungen gleich welcher Art zu treffen. Sie sind der Schutzschild vor dem Chaos der Welt, die den Einzelnen zu überrennen droht. Sie bilden die stabile Plattform, auf die ein Mensch seine wie auch immer gearteten Ziele, Ideale, Vorstellungen und Einstellungen kreiert und verwirklicht.

Nicht mehr die Erziehung zu bestimmten Werten, Zielen, Idealen kann in einer pluralistischen Welt vorrangig sein, sondern die Vermittlung von Fähigkeiten, sich selbst Werte, Ziele, Ideale erschaffen zu können. Und dafür benötigen Kinder, Jugendliche und auch Erwachsene grundlegende Fähigkeiten. Nachfolgend sollen nun die Basisfähigkeiten im Einzelnen genauer betrachtet werden.

Konzentration und Wille beinhalten die Fähigkeiten, die eigene Aufmerksamkeit auf ein kurzfristiges (z.B. Hausaufgaben) und langfristiges (z.B. Berufsplanung) Ziel richten und halten zu können. Sie sind das A und O der psychischen Entwicklung eines Kindes. Beides beinhaltet, dass Kinder dazu in der Lage sind, ihre jeweiligen Unlustempfindungen bei ungeliebten bzw. langweiligen Tätigkeiten zu kontrollieren. Mangelnder Wille, mangelnde Selbstkontrolle führen nicht selten zu einem hohen Maß an Konzentrationslosigkeit. Häufig haben Kinder und Jugendliche bedeutende Schwierigkeiten, sich angemessen auf Anforderungen und Aufgaben zu konzentrieren. Ihre Ablenkbarkeit ist groß. Zu viele Eindrücke sind gleichzeitig interessant, als dass sie sich nur auf einen Aspekt konzentrieren möchten bzw. dies noch können. Der zwölfjährige Denis beispielsweise hat Probleme, seine Hausaufgaben zu erledigen. Es liegt nicht an mangelnder Intelligenz, sondern er träumt bei seinen Hausaufgaben vor sich hin. Er lässt sich sehr leicht ablenken, denkt an das Computerspiel, das er noch spielen möchte, und an seine Lieblingsfernsehsendung, die er auf keinen Fall verpassen darf. Alles, was länger als ein paar Minuten seine Aufmerksamkeit fordert – ausgenommen sind seine Lieblingsbeschäftigungen Fernsehen und Computerspiele-Spielen – langweilt ihn.

Mit Hilfe ihrer **Phantasie** erfinden Kinder ihre eigenen fiktiven Wirklichkeiten, die sie je nach Bedarf kreativ verändern. Die Entwicklung von Phantasie ist ein äußerst wichtiger Schritt in der psychischen Entwicklung des Kindes. Es lernt, dass es noch mehr Möglichkeiten gibt, etwas zu betrachten als nur über das Sehen. Phantasie fördert seine Kreativität, seinen Drang, etwas Neues zu erschaffen oder sich etwas zu erklären. Wenn Kindern eine Geschichte erzählt wird, dann wird diese Geschichte in ihren Köpfen lebendig. Sie beginnen, sich die entsprechenden Figuren vorzustellen, sie besetzen sie mit ihren Ängsten, ihren

Hoffnungen, ihren Vorstellungen von Mut und Kraft. Sie werden selbst zum Prinzen oder zur Prinzessin einer Geschichte und bauen sie aus zu einem Wunderwerk kindlicher Phantasie. Im Gegensatz zum Computerspiel, das nach festgelegten Regeln funktioniert, die andere Personen für die Spieler festgesetzt haben, kann das Kind mittels seiner Phantasie eine gehörte Geschichte ausmalen, wie es das will.

Erst der Ausbau ihrer Fähigkeit zur Phantasie ermöglicht Kindern, mit der Zeit über den engen Rand ihrer eigenen Vorstellungen hinauszuwachsen. Sie sind dazu in der Lage, sich dank ihrer trainierten Vorstellungskraft beispielsweise in die Gefühlslage anderer Menschen hineinzuversetzen, um diese besser verstehen zu können. Sie können sich vermehrt Alternativen zu einer Handlungsweise überlegen, die sich für sie bisher als weniger sinnvoll erwiesen hat. Phantasie steigert die Kreativität eines Menschen, und nicht zuletzt erhalten Kinder aus ihren Phantasien Anregungen für die Bewältigung ihrer Ängste, Sorgen, Sehnsüchte.

Der elfjährige Markus ist ein typisches Fernsehkind. Er verbringt seit Jahren regelmäßig täglich viele Stunden vor dem Fernseher. In der Schule hat er große Schwierigkeiten, die Ausführungen seiner Lehrer zu begreifen, weil er die Worte nicht versteht, die diese benutzen. Er ist kaum dazu in der Lage, sich Alternativen zu seinen gegenwärtigen Verhaltensweisen vorzustellen. Er langweilt sich entsetzlich, wenn er alleine gelassen wird und kein Fernseher oder Computer in der Nähe ist. Eine Geschichte, die ihm nur zur Hälfte erzählt wird, kann er nicht mittels Phantasie weiterfabulieren. Es fällt ihm einfach nichts dazu ein.

Reflexion bezeichnet die Fähigkeit, über das eigene sowie über das fremde Denken, Fühlen und Handeln nachzudenken und sich dabei selbst und andere zum Gegenstand einer kritischen Betrachtung machen zu können. In den ersten sieben Jahren ihres Lebens sind Kinder in der Regel noch nicht dazu in der Lage, dies zu tun. Erst dann beginnen sie, sich differenziert zu beschreiben. Nun stehen solche Selbstbeschreibungen im Vordergrund ebenso wie die Bewertung und das Vergleichen der eigenen Eigenschaften mit den Eigenschaften anderer. Kinder ab sieben bewerten sich, indem sie sich als schlauer bzw. dümmer, geschickter bzw. ungeschickter, erfolgreicher bzw. nicht oder weniger erfolgreich beurteilen. Sie beginnen nun, über sich selbst intensiver nachzudenken, und erkennen allmählich, dass sie ihre Gedanken steuern und andere täuschen können. In diesem Alter bekommen Kinder langsam ein Gefühl dafür, was es heißt, unverwechselbar und anders als andere zu sein. Diese Phase ist durch eine vertiefte Innenorientierung geprägt, die später in der Pubertät noch eine herausragende Rolle in der psychischen Entwicklung des Heranwachsenden bekommen wird.

Der fünfzehnjährige Johannes kann nicht einsehen, dass sein aggressives Verhalten Ursache für die Ablehnung seiner Mitschüler ist. Er geht prinzipiell davon aus, dass die anderen sich ändern und sich nach seinen Wünschen richten müssen. Auch im Verhalten gegenüber seinen Eltern zeigt er keinerlei Reflexionsfähigkeit. Er beharrt uneingeschränkt darauf, dass seine Mutter ihn zu bedienen hat, und kann sich nicht vorstellen, dass diese andere Bedürfnisse hat als er.

Das Erlernen **sozialer Verhaltensweisen** stellt eine weitere wichtige Basisfähigkeit dar. Erst ihre Entwicklung ermöglicht, dass Menschen prinzipiell dazu fähig sind, miteinander einvernehmlich zu kommunizieren, miteinander zu leben und miteinander zu arbeiten, Rücksicht auf die Bedürfnisse und Wünsche anderer zu nehmen und auch zugunsten anderer Verzicht zu üben.

Soziales Verhalten wird primär im Elternhaus erlernt. Kinder erleben hier, dass sie Grenzen zu akzeptieren haben und sich nicht einfach über die Wünsche anderer hinwegsetzen können. Ein solches erlerntes Verhalten prägt entscheidend den Umgang mit anderen Menschen, also Gleichaltrigen, Freunden, Partnern und Arbeitskollegen.

Die zwölfjährige Tina ist ein typisches Schlaraffenland-Kind. Sie tyrannisiert mit ihrem Verhalten die gesamte Familie. Sie schreit und tobt, wenn sie ihren Willen nicht durchsetzen kann, räumt prinzipiell ihr Zimmer nicht auf – dafür ist die Mutter da – und lässt sich von ihrer Mutter in fast jeder Hinsicht bedienen.

Die hier aufgeführten Basisfähigkeiten sind miteinander vernetzt und haben eine Wechselwirkung. Bereits einzeln sind sie von großer positiver Bedeutung, doch erst in ihrem Zusammenwirken geben sie Kindern das, was diese für die Bewältigung des Alltags wie für Krisen und Probleme dringend brauchen: ein Bewusstsein von Sicherheit.

Kinder benötigen ein Gefühl von Sicherheit, einen inneren Ort, der ihnen Schutz gibt vor dem Neuen und Unbekannten. Das Bedürfnis des Menschen nach Sicherheit ist sehr stark ausgeprägt und ein unverzichtbarer Bestandteil menschlichen Lebens. Es ist eine universelle, d.h. in jedem Kulturkreis anzutreffende Größe.

Ein Gefühl von Sicherheit entwickelt zu haben bedeutet, auf etwas zurückblicken zu können, das eine Ordnung bzw. eine Stabilität hat, das nicht ständig seine Form und Gestalt verändert. Dies können äußere Merkmale sein (wie etwa ausreichend Nahrung, Geld, ein Dach über dem Kopf), aber auch innere Merkmale (wie z.B. Überzeugungen, bestimmte Wissens- und Glaubensinhalte, Ziele, Werte) und die eben angesprochenen Basisfähigkeiten, die einem Menschen Halt und Orientierung geben. Diese Faktoren ergeben zusammengenommen einen inneren Bezugsrahmen, auf den ein Kind, ein Jugendlicher, ein Erwachsener jederzeit zurückgreifen kann, um sich neuen Aufgaben und Herausforderungen zu stellen. Innerhalb eines solchen – von Individuum zu Individuum unterschiedlichen – Bezugsrahmens bewegt sich jeder Mensch. Er ist seine persönliche Welt, die geordnet und übersichtlich ist, eine Plattform, auf der sich neue Fähigkeiten bilden.

Ein Rahmen trennt seinen Inhalt von dem, was außerhalb des Rahmens existiert. Dies ist ein wichtiger selektiver Vorgang (der von unserem Gehirn gesteuert wird), um die Welt »berechenbarer« und »beherrschbarer« zu machen. Die Aufgabe unseres Gehirns ist u.a., die notwendige Stabilität bzw. Ordnung unserer Wahrnehmungen herzustellen und aufrechtzuerhalten, um in der Welt physisch wie psychisch überleben zu können.

Dieser »gehirn-interne« Vorgang der Herstellung von Ordnung ist für ein Kind von elementarer Bedeutung. Denn es kann nur dann ein Selbstbewusstsein, eine Identität erlangen, wenn sich die Welt nicht als prinzipiell unkontrollierbar erweist.

Die Existenz eines solchen inneren Bezugsrahmens liefert dem Kind diese Sicherheit. Er wird ergänzt und verstärkt durch die kontinuierliche und konstante Zuwendung der Eltern wie auch durch deren eindeutiges Verhalten dem Kind gegenüber. Zeitlich rangiert dies noch vor dem Auf- und Ausbau der Basisfähigkeiten, weil es die ersten Eindrücke sind, mit denen ein Säugling und Kleinkind konfrontiert wird. Aufgrund der noch »einfachen", d.h. von klaren Unterscheidungen (wie etwa Ja und Nein, Richtig und Falsch) geprägten Denkweise des Kindes braucht es dementsprechend in den ersten zehn bis zwölf Lebensjahren vor allen Dingen Eindeutigkeit und Regelmäßigkeit in seinem Erleben. Nur so wird für das Kind die Welt übersichtlich und berechenbar.

Konkret bedeutet dies, dass es den Eltern gelingen muss, ihren Kindern eine zuverlässige Umwelt zu bieten, d.h. dass das Kind Routine in seinen Handlungen erleben kann, z.B. immer zur gleichen Zeit ins Bett gehen, feste Essenszeiten und ausreichend Spielmöglichkeiten, die es nicht unter- und auch nicht überfordern. Klare Regeln und Grenzen sind des weiteren von elementarer Bedeutung, um dem Kind ein Gefühl davon zu geben, was es heißt, dass es Dinge gibt, die nicht veränderbar sind und die es einfach akzeptieren muss. Ein solches Vorgehen entspricht der »einfachen« Denkweise des Kindes und ist deshalb unerlässlich für dessen weitere psychische Entwicklung.

Die Pubertät, die ca. ab dem zwölften Lebensjahr beginnt und etwa bis zum zwanzigsten Lebensjahr andauert, ist der Scheideweg für Heranwachsende, die nun keine Kinder mehr, aber auch noch keine Erwachsenen sind. Der Weg zurück in die Kindheit ist versperrt, der Weg in die Erwachsenenwelt ist unbekannt. Sie befinden sich – zumindest gilt dies für den europäischen Kulturkreis – in einer merkwürdigen Zwitterposition. Dies liegt nicht zuletzt daran, dass die Denkfähigkeit des durchschnittlichen Jugendlichen zwischen dem zwölften und sechzehnten Lebensjahr zunehmend komplexer und abstrakter wird, was in erster Linie dazu führt, dass er diese neu gewonnene Denkfähigkeit primär auf sich selbst anwendet, d.h. dass seine Gedanken und Gefühle nun vermehrt um das eigene Ich kreisen. Wer bin ich?, Was bin ich?, Wohin werde ich gehen?, Was wird mit mir geschehen?, Wie sehen mich andere? – all diese Fragen stehen im Mittelpunkt solcher Reflexionen. Alles wird fraglich, ungenau, verschwommen, gespenstisch und unheimlich.

Unterstützt wird diese mehr oder weniger kritische Selbstbeschau durch die neuen Aufgaben und Anforderungen, die nun an den Heranwachsenden durch seine Umwelt herangetragen werden. Oft spürt er mehr als dass er es weiß, dass man von ihm u.a. vermehrt erwartet, Verantwortung für sich zu übernehmen, selbständiger zu werden, Entscheidungen zu treffen, sich über seinen zukünftigen Lebensweg im Klaren zu werden. Die an sich schon dünne Schutzschicht der Kindheit löst sich mit dem Eintritt in die Pubertät unerbittlich auf. In dieser Zeit muss der Jugendliche eine der größten seelischen Initiationsprüfungen bestehen, die unsere hochkomplexe Welt von ihm abverlangt: Er muss lernen, mit der Vieldeutigkeit und Vielschichtigkeit der Erscheinungen umzugehen, er muss im Meer der zahlreichen Möglichkeiten souverän navigieren können, ohne dabei Schiffbruch zu erleiden. Die »Naivität« der Kindheit weicht hierbei der langsam wachsenden Erkenntnis, dass alles viel komplexer und erbarmungloser ist als bisher vermutet. Eine schwierige und gefährliche Phase. Werden doch hier die Weichen gestellt für positive und negative, für effektive und ineffektive Verhaltensweisen, die in der Kindheit angelegt wurden und im Jugendalter ihre weitere Ausprägung erhalten.

Hinzu kommen für den Heranwachsenden die körperlichen Veränderungen, mit denen es fertig zu werden gilt, wie die ersten aufkommenden sexuellen Gefühle, die Veränderung des Aussehens. Dazu spürt er vermehrt Leistungsdruck, Zukunftsangst, Stress, die Angst zu versagen. Die Pubertät ist in der Regel in unseren westeuropäischen Zivilisationen eine Zeit der Krise. Und in der Tat können gerade in dieser Phase Jugendliche an diesem schicksalsträchtigen Meilenstein zerbrechen. Mag ihre Kindheit für sie selbst und auch für ihre Umwelt relativ unauffällig verlaufen sein, erst an diesem Meilenstein zeigt sich, inwieweit ihre bisher erarbeiteten Fähigkeiten und Erfahrungen ausreichen, um auf die neuen An- und Herausforderungen der Pubertät und der daran anschließenden Erwachsenenphase angemessen reagieren zu können.

Am Meilenstein Pubertät entscheidet sich also die weitere psychische Entwicklung eines Menschen. Jugendliche, die die Welt nicht mehr verstehen, fühlen sich überfordert und hilflos. Die Welt überwältigt sie und lässt sie nicht selten psychisch verwirrt zurück. So können sich in dieser Phase u.a. Depressionen, Ängste, psychosomatische Störungen, Psychosen, Suchterkrankungen, Suizidalität entwickeln – Faktoren, die das ganze weitere Leben entscheidend beeinflussen können. Stellt die Pubertät schon in der Regel eine Krisensituation dar, so wird sie für Jugendliche mit instabiler Identität zu einem Ereignis mit besonderer Dramatik.

Eine Krise ist ein bedrohlicher Zustand der Ungewissheit und Verlorenheit, der einen Menschen psychisch stark belasten kann. In einer solchen Situation reichen gewöhnlich die bisherigen Bezugspunkte, die Stabilität und Sicherheit vermittelt haben, nicht mehr aus, um aktuelle Probleme zu lösen. Obwohl sie durch diesen Umstand fraglich werden, sind sie dennoch von elementarer Bedeutung für die Bildung neuer Bezugspunkte wie z.B. private und berufliche

Ziele, neue Werte und Normen, Überzeugungen, die in den bereits existierenden Bezugsrahmen eingeordnet werden. Die alten Bezugspunkte lösen sich also nicht auf, sie dienen vielmehr als notwendige Anknüpfungspunkte für den Aufbau der neuen Bezugspunkte.

Jede Krise wird zunächst mit dem Repertoire an Fähigkeiten angegangen, das einer Person zur Verfügung steht. Im Rückgriff auf diese Fähigkeiten schützt sich die betreffende Person vor dem Zusammenbruch seiner Psyche. Könnte sie auf nichts zurückgreifen, wäre sie völlig orientierungslos und wüsste überhaupt nicht, wo sie auch nur beginnen könnte, ein bestehendes Problem zu lösen. Als historische Wesen werden Menschen in ihrem gegenwärtigen Verhalten immer von den Erfahrungen ihrer Vergangenheit geprägt. Der Rückgriff auf einmal bewährte Fähigkeiten verringert das Gefühl, einer Situation völlig ausgeliefert zu sein. Und dieser Rückgriff wiederum aktiviert und erhöht die Bereitschaft, sich mit einer Krise auseinander zu setzen.

Nehmen wir den achtzehnjährigen Benno, der vor der Entscheidung steht, welchen Beruf er ergreifen soll. Um eine derartige Entscheidung treffen zu können, muss er seine Interessen kennen, muss er auf Erfahrungen zurückgreifen können, die ihm das Gefühl geben, dass eine bestimmte Tätigkeit zu ihm passt. Des weiteren muss er sich seiner beruflichen Vorstellungen im Klaren werden, er muss zeitliche Planungen machen, sich informieren, sich bewerben, sich beraten lassen. Er muss wissen, dass er Geduld braucht, dass er an seiner Arbeitsstelle, seiner Lehrstelle, seiner Schule Disziplin benötigt, um den an ihn gestellten Anforderungen gerecht werden zu können. Wenn er sich diesbezüglich realistisch einschätzen kann, weil er auf Situationen zurückzublicken vermag, in denen er u.a.

seine Basisfähigkeiten unter Beweis hat stellen können, wird die neue Situation für ihn mehr oder weniger überblickbar und handhabbar. Hinzu kommt, dass er aufgrund der Erfahrungen aus seiner Vergangenheit eine im Allgemeinen positive Grundeinstellung zu sich selbst gewonnen hat.

Obwohl diese Basisfähigkeiten auf die aktuelle Problematik nicht einfach übertragbar sind, geben sie Benno eine gewisse Sicherheit und Zuversicht, die neuen Anforderungen zu bewältigen. Denn sie stellen ein stabiles Muster dar, auf das er sich beziehen kann, um mit der neuen Anforderungssituation besser fertig werden zu können. Reichen die bisher entwickelten Fähigkeiten nicht aus, um eine Krise zu meistern, führt dies nicht automatisch zur Aufgabe bzw. zur Resignation. Benno hat bisher über einhundert Bewerbungen geschrieben, achtundneunzig Absagen und zwei Vorstellungstermine erhalten. Die Vorstellungsgespräche führten jedoch zu keinem Erfolg. Benno fühlt sich von Arbeitslosigkeit bedroht, er ist deprimiert. Sind nun zwei der Fähigkeiten, auf die Benno zurückgreifen kann, Geduld und prinzipielle Zuversicht, dann sind sie für die aktuelle Problematik von Bedeutung, weil sie ihn nicht aufgeben lassen.

Ob es sich nun um die Berufswahl, um einen Akt der Selbstfindung, der Beziehungsaufnahme zum anderen Geschlecht, um die Entwicklung eines Lebenssinns oder Ziels handelt, der Rückgriff auf bisher bewährte Verhaltensmuster oder Fähigkeiten vollzieht sich in allen Fällen automatisch, um eine aktuelle Anforderung oder Krise bewältigen zu können.

Der Rückgriff auf einen inneren Bezugsrahmen reicht jedoch nicht in allen Fällen aus, um eine Krise zu meistern.

Ohne entsprechende Hilfsangebote von Seiten Dritter wie etwa Unternehmen, die genügend Lehrstellen anbieten, oder soziale Einrichtungen, die bei psychischen Problemen ausreichende Unterstützung gewähren, wird die Entwicklung von Identität durch äußere Faktoren stark behindert bzw. unterdrückt.

Kapitel 2
Die Flucht vor der Unerträglichkeit der Welt

Der Mensch ohne Identität: Orientierungslos. Namen-
los. Rastlos. Willenlos. Hilflos. Mit einem Wort: Ge-
sichtslos.

Die gesichtslosen Kinder

Ein einziger Passagier überlebt bei einem Schiffsunglück. Er sitzt in einem Rettungsboot und überlegt, was er tun soll. Von einem anderen Passagier hat er noch vor dem Unglück erfahren, dass sich in der Nähe eine Insel befinden muss. Aber er weiß nicht, in welche Richtung er rudern soll. Alle Möglichkeiten stehen ihm offen. Er zögert, überlegt. Er will einen Plan entwickeln. Doch je mehr er nachdenkt, umso klarer wird ihm, dass er keinen Plan entwickeln kann. Er hat keinen Bezugspunkt, an dem er sich orientieren könnte. Jede Richtung, in die er rudern würde, brächte ihn der Insel näher oder würde ihn davon entfernen. Schließlich entscheidet er sich und rudert los. Nach einer Weile fragt er sich, ob er einen Fehler gemacht hat. Vielleicht liegt die Insel genau in der entgegengesetzten Richtung. Er ändert seine Entscheidung und rudert wieder zurück. Es dauert nicht lange und es kommen ihm wieder Zweifel. Erneut ändert er den Kurs.

In einer ähnlichen Situation wie der Passagier im Ruderboot befinden sich heute bereits viele ältere Kinder, Jugendliche, aber auch Erwachsene. Kinder, die derartige Erfahrungen machen müssen, erleben ihre Welt und letztlich auch sich selbst als instabil. Sie schwimmen in einem Meer unendlicher Möglichkeiten, die sich vor ihnen auftun, ohne jemals eine von ihnen für einen längeren Zeitraum festhalten zu können. Sie entgleiten ihnen immer wieder, weil ihnen u.a. die nötigen Basisfähigkeiten fehlen, auf die sie zurückgreifen könnten.

Sie können sich in Situationen, die mehr von ihnen fordern als nur ein einfaches und vertrautes Routineverhalten, nicht angemessen verhalten und zurechtfinden. Sie sind überfordert und extrem verunsichert. Es fehlt ihnen das entsprechende Gewusst-Wie. Im Verlauf der Kindheit kann dieser Mangel noch durch die regulierenden Eingriffe der Eltern verdeckt werden. Eltern nehmen ihren Kindern stellvertretend das Leben ab, indem sie z.B. für sie Entscheidungen treffen, die sie eigentlich schon selbst treffen müssten, oder ihnen Handlungen abnehmen, die sie schon selbst ausführen sollten. Das Problem verdichtet sich jedoch spätestens mit dem Eintritt in die Pubertät und wird dort früher oder später zu einer Zeitbombe.

Kinder und Jugendliche mit einer instabilen Identität können in einer Krisensituation auf keine oder nur auf schwach ausgebildete Bezugspunkte zurückgreifen, weil sie diese in ihrer Kindheit nicht entsprechend ausgebildet haben. Ihr innerer Bezugsrahmen existiert nicht oder ist weitestgehend leer.

Der achtzehnjährige Oliver kann sich nicht für einen Beruf entscheiden, weil er sich nur schwer auf etwas festlegen kann. Es fehlt ihm nicht prinzipiell an Interessen. Er »interessiert« sich für vieles. Aber dieses »vielseitige Interesse« macht ihn nur umso entscheidungsunfähiger. Kurzfristig kann er sich sehr wohl für einen Beruf begeistern. Doch nur wenige Tage später, ist die Begeisterung meist wieder erloschen. Auch fehlen ihm Wille, Disziplin und Konzentration, um seine Fähigkeiten realistisch einschätzen zu können, ob er die für einen bestimmten Beruf notwendigen Anforderungen überhaupt erfüllen kann. Hinzu kommt bei ihm ein ausgeprägtes Bedürfnis nach spontaner Bedürfnisbefriedigung und eine hohe Abhängigkeit von seinen Launen. Oliver befindet sich in einer Situation, die ihn – mangelns gut ausgebauter Basisfähigkeiten – überfordert, was in ihm ein Gefühl von Unsicherheit und Hilflosigkeit auslöst. Oliver hat in der annähernd gleichen Zeit wie Benno nur zwanzig Bewerbungen geschrieben. Er ist völlig deprimiert und hat resigniert, er sieht keine Chance mehr in seinem Leben.

Auch bei Oliver gibt es eine automatische Suchbewegung. Doch im Gegensatz zu Benno findet er keine oder nur unzureichende Bezugspunkte, die ihm bei der Lösung seines Problems helfen könnten. Seine Suche endet erfolglos. Zurück bleibt ein überforderter und hilfloser junger Mensch, dem die nötige Orientierung fehlt, um eine Entscheidung treffen zu können.

Wir alle – Kinder, Jugendliche und Erwachsene – stehen an der Schwelle zu einem Bewusstseinsschwund, dessen Tragweite kaum abschätzbar ist. Und doch kann heute schon soviel gesagt werden, dass viele Kinder und Jugendliche in unserer Gesellschaft zu Menschen heranreifen, die keinen intensiven Bezug mehr zu ihrer eigenen Person haben. Jedes differenzierte und reflektierte Denken, Fühlen und Handeln gehört für eine Vielzahl von Heranwachsenden einfach nicht zum Verhaltensrepertoire. So wie der Eingangstext zu diesem Kapitel die Identitätslosigkeit des Menschen auf den Punkt bringt, so sehr wird diese Gesichtslosigkeit des identitätslosen Menschen zum hervorstechendsten Merkmal zukünftiger Generationen werden. Ein derartiger Gesichtsverlust ist wie ein Virus, der um sich greift. Und weil er unsichtbar ist und eine lange Inkubationszeit hat, wird er kaum wahrgenommen – bis es dann zu spät ist.

Immer mehr Kinder und Jugendliche wissen in unserer heutigen Zeit immer weniger von sich selbst. Das ist die Hauptthese dieses Buches. Kinder ohne Identität lernen sich selbst nicht kennen, sie entdecken sich nicht. Sie wachsen in einer Welt auf, die ständig in Bewegung und im Wandel begriffen ist, so dass sie sich selbst häufig nur als unbeständig und wandelbar erleben können. Für sie gibt es nur eine Aneinanderreihung von immer neuen Erlebnissen, die oft keinen Bezug zu den vorangegangenen haben. Sie können daher die Welt häufig nur als eine Ansammlung ständig wechselnder Reize erleben, die ihnen eine Fülle von Verhaltensmöglichkeiten bietet, aber keine Richtlinien, wie mit dieser Fülle sinnvoll umzugehen ist. Computerspiele, Internet und Fernsehen sind Symbolträger für die Reizüberflutung und für die sinnlose Reizaneinanderreihung geworden.

Dieses Dauerfeuerwerk von ständig wechselnden Eindrücken, die letztlich zu hoher Stressbelastung führen, überfordert den noch recht kleinen Erfahrungs- und Verarbeitungshorizont von Kindern in erschreckendem Maße. **Sie können auf die Komplexität der Gesellschaft nicht selbstbestimmt reagieren**, sondern die Ereignisse und Erlebnisse zwingen ihnen ihre Spielregeln auf. Die

Folge ist, dass Kinder und Jugendliche vermehrt zu gesichtslosen Geschöpfen werden, die von den jeweiligen Einflussgrößen, beispielsweise Werbung, Medien, Trends und Thrill-Angeboten, fremdbestimmt werden. Ohne ein stabiles Identitätsgefühl, das sich durch ein differenziertes Wissen über die eigene Person auszeichnet, ist der Mensch nur eine Marionette seiner Triebe und Wünsche, von denen er sich steuern lässt anstatt diese über seine Selbstbestimmungsfähigkeit und sein kritisches Bewusstsein zu lenken.

Kinder und Jugendliche erfahren die »Bedeutung« ihrer Person lediglich nur noch darin, dass sie ständig auf der Suche nach neuen Reizen sind, die zwar einen intensiven, aber vorübergehenden körperlichen und emotionalen Kick auslösen, ansonsten jedoch nicht viel zu bieten haben. Beständigkeit, Intensität und Auseinandersetzung mit den Menschen und Gegebenheiten, die einem im Laufe des Lebens begegnen, sind »out«. Reizüberflutung, Oberflächlichkeit und totaler Spaß hingegen sind »in«. Wenn Kinder und Jugendliche mit einer instabilen Identität in sich hineinlauschen, finden sie keine klare Resonanz, sondern nur undefinierbare Störgeräusche.

Schritt für Schritt bildet sich auf diese Weise allmählich ein Menschentyp heraus, der so gut wie keine Beständigkeit in seinem Leben kennt. Solche Menschen können zwangsläufig nur an der Oberfläche ihrer jeweiligen Erfahrung leben, weil sie für alles andere keine Zeit mehr haben oder zu haben scheinen. Jede tiefere und damit intensivere Verbindung zu Menschen und Wissen, das über Alltagswissen hinausgeht, ist ihnen lästig. Sie leben im und aus dem Augenblick und sind ständig auf dem Sprung. Sie haben kein äußeres und kein inneres Zuhause mehr. Das Denken, Fühlen und Handeln dieses Menschentyps ist beherrscht von kaum zu bändigenden emotionalen Wallungen, die spontan befriedigt werden müssen.

Dieser neue Typus mag in seiner vollen Ausprägung noch eine Vision des Kommenden sein, doch er taucht in unseren modernen Gesellschaften zunehmend auf. Eine Vielzahl von Kindern und Jugendlichen befindet sich bereits auf dem Weg dorthin. Sie sind dabei auf eine seltsame Weise unfassbar, so als bestünden sie aus Watte, in die man zwar hineingreifen, aus der man allerdings nichts herausziehen kann. In ihren Köpfen regiert ein Kaleidoskop von sich oft widersprechenden Möglichkeiten, sich zu verhalten. Sie sind gleichermaßen anwesend wie sie auf eine unbestimmte Art abwesend sind. Sie geben sich auf der einen Seite mächtig und cool und wirken auf der anderen Seite ohnmächtig und unsicher. Sie sind hin und her gerissen zwischen Wollen und Nicht-Können. Zu dieser Ambivalenz gesellt sich eine erschreckende Multioptionalität, die sich in dem bereits beschriebenen Phänomen der Vielzahl von Denk-, Fühl- und Handlungsmöglichkeiten zeigt, die die Gesellschaft vor ihnen ausbreitet und von denen sie ziellos hin und her zappend regen Gebrauch machen.

Diese Kinder und Jugendlichen kommen innerlich nicht mehr zur Ruhe, sie fädeln sich permanent in einen unendlichen Prozess der Bewegung ein, wo es keinen Anfang und kein Ende zu geben scheint, sondern sich immer nur neue Möglichkeiten und Reize sinnlos aneinander reihen. Aufgewachsen mit und in einer solchen Multioptionalität, die sich in der Unbestimmtheit und Vielfältigkeit unserer modernen Gesellschaften widerspiegelt, erscheint ihnen dieser Zustand natürlich, weil sie in ihrem Leben kaum etwas anderes erfahren haben.

Was geht nun in Kindern und Jugendlichen vor, wenn sie einer Welt gegenüberstehen, die sich ihren Versuchen, sie verständlich und handhabbar zu machen, so vehement widersetzt? Fehlt ihnen der innere Bezugsrahmen, können sie kaum anders als mit Angst reagieren.

Menschen haben Angst, wenn sie in Situationen geraten, die sie nicht bewältigen können, die über sie hereinbrechen und ihnen ein Gefühl von Hilflosigkeit vermitteln. Angst ist eine positive Kraft, wenn es gelingt, sie zu überwinden und damit die Erfahrung innerer Stärke zu gewinnen. Angst ist eine negative Kraft, wenn dies nicht gelingt. Wer auf letztere Weise Angst erlebt, dem muss die Welt als ein Ort des ständigen und unbewältigbaren Chaos erscheinen. Die Welt wird zur Quelle von Unsicherheit.

Das Gegenstück zur Angst ist in diesem Zusammenhang nicht lediglich Angstfreiheit, sondern Sicherheit. Angst und Sicherheit sind einander ausschließende und doch aufeinander sich beziehende Begriffe. Sie sind beide emotionale Zustände. Unsere Lebenserfahrungen prägen unseren Umgang mit uns selbst und anderen Menschen. Sicherheit gibt uns Zufriedenheit, Ruhe, Geborgenheit. Angst gibt uns in seiner negativen Form Unsicherheit und führt zur Vermeidung der Situationen, die als angsterzeugend gelten. Sie führt zur Hilflosigkeit, Resignation, Depression.

Wer Angst hat, hat keine Kontrolle mehr über sein Leben. Die Angst wird somit zu einem grundlegenden Lebensgefühl, sie ist als eine Art ständig spielende Hintergrundmusik in die Psyche eingebrannt und unterschwellig immer präsent. Und so ist es kein Wunder, dass diejenigen, die keine Kontrolle mehr über ihr Leben haben, zunächst alles versuchen, diese Kontrolle über das eigene Leben wieder zurückzugewinnen. Gelingt dies nicht, bleibt oft nur die Flucht in Kompensationen, in Ersatzhandlungen. Diese stellen jedoch keine tatsächliche Bewältigung von aktuellen Problemen und Anforderungen durch den Heranwachsenden dar.

Genau an diesem Punkt beginnt der Zersetzungs- und Zerstörungsprozess der kindlichen Psyche. Er beginnt mit der unzureichenden oder fehlenden Entwicklung nötiger Bezugspunkte und findet schließlich im Zusammentreffen mit einer ständig sich verändernden und pluralistischen Welt seinen Höhepunkt. Der Prozess ist geprägt durch die mehr oder weniger deutliche Empfindung von Überforderung, Unsicherheit und Angst. Dies kann schließlich zum bewussten oder unterschwelligen Wissen von den eigenen fehlenden Bewältigungsmöglichkeiten führen und in einem Zustand der Desorientierung bzw. der Identitätslosigkeit gipfeln.

Die Fluchtwege

Kinder und Jugendliche mit einer instabilen Identität erleben keine Sinnhaftigkeit, die ihnen die Welt erklärbar und verstehbar macht. Das Nichtwissen von sich selbst stößt Heranwachsende in ein Vakuum, das sie nun mit Verhaltensweisen füllen, die ihrer weiteren psychischen Entwicklung alles andere als gut tun. Dies führt schließlich zu dem bewussten oder unbewussten Wissen und Erleben von der »Unerträglichkeit der Welt«. Sie wird zum ständigen Begleiter eines Individuums, die in irgendeiner Form kompensiert werden muss. Diese Kompensationen lassen sich grob in drei Gruppen von Fluchtwegen einteilen: in psychische, orientierungsbezogene und ablenkungsbezogene Reaktionen. Diese drei Fluchtwege fächern sich wiederum in eine Vielzahl von Nebenwegen auf. Keine der Haupt- und Nebenwege müssen dabei isoliert voneinander stehen, sondern können sich gegenseitig ergänzen und sich in ihrer letztlich selbstzerstörerischen Wirkung potenzieren.

Die Kompensation von Angst aufgrund instabiler Identität zeigt sich über

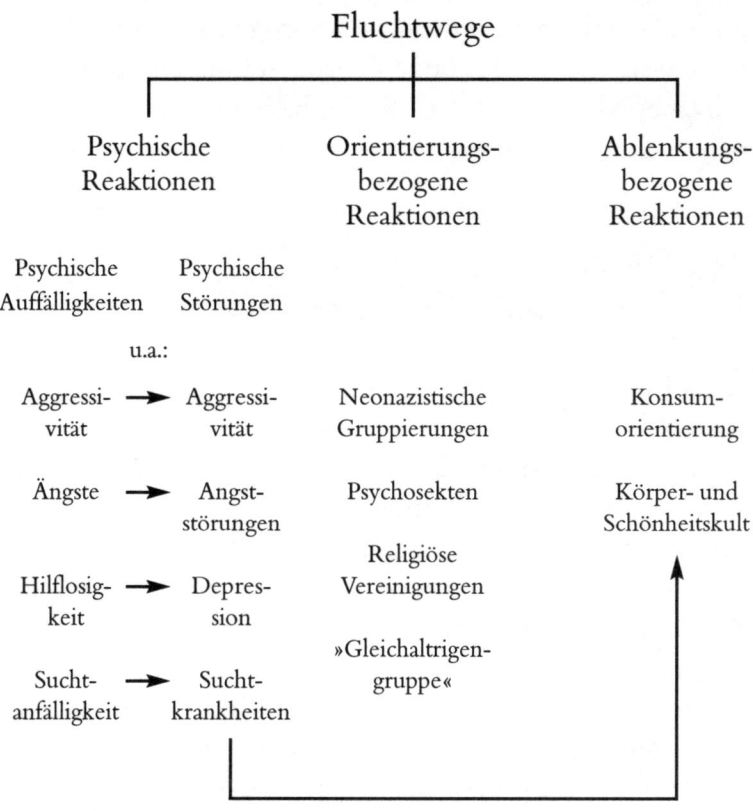

Fluchtwege

Psychische Reaktionen	Orientierungsbezogene Reaktionen	Ablenkungsbezogene Reaktionen
Psychische Auffälligkeiten Psychische Störungen		
u.a.:		
Aggressi- ➔ Aggressi- vität vität	Neonazistische Gruppierungen	Konsum- orientierung
Ängste ➔ Angst- störungen	Psychosekten	Körper- und Schönheitskult
Hilflosig- ➔ Depres- keit sion	Religiöse Vereinigungen	
Sucht- ➔ Sucht- anfälligkeit krankheiten	»Gleichaltrigen- gruppe«	

Bei allen drei Fluchtwegen geht es letztlich um das Fühlen. Das Fühlen gibt uns erst die Gewissheit unserer Existenz. Es bildet die Grundlage für ein positives oder ein negatives Lebensgefühl. Erst das Fühlen gibt uns Menschen die subjektive Gewissheit, dass das, was wir denken und tun, von Bedeutung ist. Menschen mit instabiler Identität suchen dieses Gefühl subjektiver Gewissheit. Das Gefühl des psychischen und physischen Schmerzes gibt ihnen eine subjektiv wahre Auskunft über sich selbst. Das Gefühl eindeutiger Sicherheit und Geborgenheit gibt ihnen eine subjektiv wahre Auskunft über sich selbst. Das Gefühl der körperlichen Erregung gibt ihnen eine subjektive wahre Auskunft über sich selbst. So sehr diese Flucht in derartige subjektive Sicherheiten aus der Perspektive Dritter selbstschädigend bzw. selbstzerstörerisch ist, für die Betroffenen ist eine scheinbare Sicherheit immer noch besser, als keine zu haben.

Der 1. Fluchtweg:
Im Schmerz liegt die Wahrheit

Die Flucht in den psychischen Schmerz – der zu einem bestimmten Zeitpunkt auch zu einem körperlichen Schmerz werden kann – ist die Flucht aus der Welt. Es ist die Abkehr von der Auseinandersetzung mit ihr und der Rückzug in die mehr oder weniger gestörte Auseinandersetzung mit der eigenen Person. Sie zeigt sich in leichteren psychischen Auffälligkeiten, die sich mit der Zeit zum Erscheinungsbild der so genannten klinischen, also krankhaften psychischen Störungen wandeln können. Letztere liegen außerhalb der normalen und tolerablen Entwicklung von Kindern und Jugendlichen und sind in der Regel so schwerwiegend, dass die davon betroffenen Kinder und Eltern Beratung oder Therapie benötigen.

Psychische Störungen zeigen sich bei jüngeren Kindern überwiegend in entwicklungsabhängigen Störungen. Dies sind z.b. Störungen bei der Ausscheidung (Einnässen, Einkoten), der Motorik, der Sprachentwicklung, Lese-Rechtschreibstörungen, Rechenstörungen, Störungen des sozialen Verhaltens, worunter auch aggressive Verhaltensweisen zählen. Im Jugendalter hingegen ähneln die Störungen denen der Erwachsenen, insbesondere Angststörungen, Depressionen, Belastungsstörungen bei hohem Stress.

Der Verlauf von psychischen Störungen lässt sich in drei Gruppen einteilen. In der ersten Gruppe treten bei einem Kind psychische Störungen auf, die sich – manchmal nach einer kürzeren Phase der Beruhigung – in der Pubertät fortsetzen. Dies betrifft z.b. Schulängste oder aggressive Verhaltensweisen. In der zweiten Gruppe bilden sich psychische Störungen wie das Einnässen und Einkoten in der Pubertät einfach zurück. Die dritte Gruppe charakterisiert sich dadurch, dass die psychische Störung erst in der Pubertät beginnt, nachdem die Kindheit weitestgehend unauffällig durchlaufen wurde. Hier sind insbesondere die Magersucht (Anorexie), die Fress- und Brechsucht (Bulimie) und Depressionen zu nennen.

Die Flucht aus der Welt ist ein Rückzug in die Welt des eigenen Inneren. Sie bietet die einzige Klarheit, die noch bleibt, indem ein Mensch sich auf das Eine konzentriert: die Empfindung des eigenen Schmerzes, sei er nun physisch, psychisch oder beides. Diese »Klarheit« ist trotz aller Störungen der Psyche und unter Umständen auch Schädigung des Körpers ein Lebensgefühl, eine Grundstimmung. Wenn es schon nichts gibt, woran man sich orientieren kann, eines weiß man sicher: dass die eigenen Empfindungen realer nicht sein können. Nicht dass sich die davon Betroffenen für eine psychische Auffälligkeit oder Störung bewusst entschieden hätten, um diese Form von Sicherheit zu erlangen. Jeder Mensch strebt nach Auflösung von Unsicherheit, und so gleiten sie in die jeweilige Auffälligkeit oder Störung hinein, in Abhängigkeit von ihrem Lebensumfeld, von ihrer genetischen Struktur, von ihren persönlichen Erfahrungen und Erlebnissen, von ihren intellektuellen Fähigkeiten und auch in Abhängigkeit von zufälligen Ereignissen, die ein Verhalten beeinflussen können.

Im **aggressiv-gewalttätigen** Akt – sei er nun auf andere oder auf den eigenen Körper gerichtet – entwickelt sich eine Klarheit, wie sie nicht eindeutiger sein könnte. Die Welt in ihrer unübersichtlichen Vielschichtigkeit existiert in den Momenten des aggressiven Aktes nicht. Durch ihn wird sie ausgegrenzt, in ein Niemandsland verbannt. Das Einzige, was real, konkret und intensiv erlebt wird, sind die aggressiven Impulse, die ausgelebt werden wollen.

Aggressionen wie Schreien, Toben, Sich-auf-den-Boden-Werfen, Spucken, Schlagen sind Zeichen für das Unvermögen der davon betroffenen Kinder, auf nicht-aggressive Weise reagieren zu können. Es ist ihre einzige Möglichkeit, sich zu artikulieren und zu behaupten, Stärke und Dominanz zu demonstrieren. Das ist ihre Welt, in der sie Meister sind. Wo andere automatisch mit Nachdenken, Überdenken und Durchdenken reagieren würden, schlagen sie automatisch zu. Die Ohnmacht der Eltern, der Lehrer, der Verprügelten gibt ihnen ein Gefühl der absoluten Kontrolle. Über Aggression und Gewalt gewinnen sie kurzfristig eine zweifelhafte Identität – ein Einssein mit sich selbst – die das Fehlen von sozialen und reflexiven Fähigkeiten kompensieren. Sie gibt ihnen eine zweifelhafte Sicherheit, deren sie sich in für sie bedrohlichen Situationen immer wieder vergewissern müssen.

Im Erleben der **Angst** zeigt sich eine weitere Nuance in der Konzentration auf das Eine. Das ängstliche Kind zieht sich zunehmend mehr in sich selbst zurück. Es scheut die Auseinandersetzung mit der Welt, es hat buchstäblich Angst vor ihr. Die körperliche Erregung, die sie in dem Kind oder Jugendlichen auslöst, ist unangenehm. Es erfolgt keine Auseinandersetzung mit der Angst, der sich das Kind oder der Jugendliche gegenübersieht, die Auseinandersetzung wird vorsorglich vermieden. Die das ängstliche Kind umgebende Realität wird als gefährlich interpretiert, die Welt, die Zukunft wird als bedrohlich bewertet. Die Selbstwahrnehmung ist auf Angst ausgerichtet, das Selbstwertgefühl ist gering, und die Fähigkeit, die eigenen Ängste kontrollieren zu können, ist schwach oder überhaupt nicht vorhanden.

Es gibt dabei kaum etwas, wovor nicht eine Angst entwickelt werden könnte: die Angst zur Schule zu gehen, alleine mit dem Schulbus zu fahren, allein einkaufen zu gehen, die ständige Angst vor dem Allein-gelassen-Werden durch die Eltern, die unrealistische Sorge, dass diesen etwas zustoßen könnte, die Angst vor dem Kontakt mit unbekannten Personen. Die Palette der Ängste ist lang. Sie haben ihren Preis: Kinder werden in die Isolation getrieben, und ihre Entwicklung wird behindert. Aber Ängste geben ihnen auch deutliche Zeichen, wo die Grenzen des für sie Erträglichen erreicht sind. Fein säuberlich trennen zu können zwischen den Bereichen der Angst und denen der Angstfreiheit vermittelt bei aller Tragik dieser psychischen Störung eine Klarheit des Erlebens, die in der Flucht von der Welt ein nicht zu unterschätzender Sicherheitsanker ist.

Auch in der **Depression** oder schon vorher im Erleben der Hilflosigkeit zeigt sich eine klare und unmissverständliche Grenze zwischen dem Machbaren und dem Unkontrollierbaren. Depressive und hilflose Kinder glauben, keine oder zu wenig Kontrollmöglichkeiten über sich selbst und die Welt zu haben. Ihre Wahrnehmung von sich selbst ist negativ, ihr Selbstvertrauen ist nicht der Rede wert. Die Basisfähigkeiten sind so schlecht entwickelt, dass sie auf nichts zurückgreifen können, was ihnen das Gefühl geben könnte, erfolgreich zu sein. Statt dessen haben derartige Kinder und Jugendliche in ihrem bisherigen Leben die Erfahrung gemacht bzw. machen müssen, dass ihre Anstrengungen, eine Krise, ein Problem zu bewältigen, nichts oder nur sehr wenig nützten. Je intensiver dieses Ohnmachtsgefühl erlebt wird, umso mehr wird es sich mit der Zeit zu einer Depression entwickeln.

Ängste und Depressionen können früher oder später zu **psychosomatischen Beschwerden oder Störungen** führen. Der Körper meldet sich intensiv zu Wort und reagiert mit Schmerz auf eine schier unerträglich erscheinende psychische Belastung. Schlaflosigkeit oder Schlafsucht, ständige Müdigkeit, Energieverlust, Gewichtszunahme oder Gewichtsverlust können Begleitsymptome bei der Depression und Kopf- und Bauchschmerzen, Übelkeit, Schwitzen, Zittern Begleitsymptome bei der Angst sein.

Unterschiedliche **Suchtkrankheiten** wie z.B. Alkoholismus, Medikamentenabhängigkeit, Drogenmissbrauch sind ebenfalls Fluchtmechanismen in die innere Welt. Sie sollen den psychischen Schmerz beim Empfinden der Unerträglichkeit der Welt betäuben. Die Außenwelt soll über das Suchtmittel ausgeschlossen oder durch es erträglich gemacht werden.

Menschen streben nach Wohlbefinden, und ihre Handlungen werden von diesem Streben getragen. Gelingt es ihnen, dieses Ziel zu erreichen, führen sie ein relativ zufriedenes und harmonisches Leben. Die Sehnsucht nach Wohlbefinden kann auf vielerlei Weise befriedigt werden: durch geglückte zwischenmenschliche Beziehungen, eine befriedigende Arbeit, Interessen, Hobbys, angestrebte oder erreichte Lebensziele, einen Lebenssinn. Kann diese Sehnsucht jedoch durch eigene Anstrengung nicht befriedigt werden, bietet das Suchtmittel einen Ausweg an. Das Wohlbefinden kann nun über den Zustand des Rausches erlangt werden.

In der Konzentration auf die Sucht wird die Welt wieder erträglich, überschaubar, einordbar und auf nebulöse Weise klar. Die Betäubung der Sinne durch die Droge – die hypnotisch die Welt verkleinert und auf einen Fokus fixiert – versetzt Körper und Geist in einen Zustand, in dem ein Individuum keine Angst, keine Hilflosigkeit mehr empfindet. Die Probleme »lösen« sich auf oder werden nur noch als ein Randphänomen wahrgenommen. Lustgefühle werden erzeugt oder verstärkt. Dieser Fluchtweg grenzt die Welt mit all ihren tatsächlichen und eingebildeten Gefahren aus. Doch ohne die ständige Zufuhr des Suchtmittels bleibt das Wohlbefinden nur ein »Pump auf Zeit«. Einfacher ist die Eindeutigkeit der Welt nicht zu bekommen, allerdings auch kaum schwerer wieder loszuwerden.

DER 2. FLUCHTWEG:
Einigkeit und Klarheit und bloß keine Freiheit

Kann es etwas Erstrebenswerteres geben, als sich in einer Welt wohl zu fühlen, in der alles überschaubar und stabil ist, wo die Suche nach der Wahrheit erfolgreich, das Streben nach Selbstfindung abgeschlossen und die Sehnsucht nach Sicherheit rundum erfüllt ist? Kaum ein Mensch, der sich dieses seelische Paradies nicht wünschen würde. Und doch ist es illusionär. Eine Illusion, die zu Beginn des neuen Jahrtausends weitestgehend als eine solche erkannt wird. Der Singularismus – die Auffassung von der Einheit der Welterkenntnis und damit die von der einen eindeutigen Wahrheit – weicht dem Pluralismus, der Erkenntnis, das heute viele sich teilweise widersprechende Wahrheiten und Wissensinhalte mehr oder weniger gleichberechtigt nebeneinander stehen. Aber das ändert nichts daran, dass die Sehnsucht nach Eindeutigkeit im Leben bestehen bleibt. Wer sie um jeden Preis erringen will, flieht vor der vieldeutigen und vielschichtigen Welt, wie sie sich uns heute allerorten präsentiert.

Die Welt des Kindes ist eine für es zunächst eindeutige Welt. Es ist eine Welt, in der aufgrund des noch beschränkten geistigen Fassungsvermögens eine klare Trennung zwischen Ja und Nein, zwischen Richtig und Falsch existiert. Es nimmt die Undurchschaubarkeit und Komplexität der Welt noch nicht in ihrem vollen Ausmaß wahr. Diese aus der Sicht der Erwachsenen vereinfachte binäre Welt gibt Kindern die nötige Sicherheit in ihrem Tun. Allerdings machen sie in unserer heutigen Zeit schon immer früher und häufiger die Erfahrung, dass nichts so sicher ist, wie es auf den ersten Blick erscheinen mag. Sie haben Angst vor der Trennung ihrer Eltern, vor Leistungsschwächen in der Schule, davor, nicht beliebt und anerkannt zu sein, später einmal keine Arbeit zu finden ... Aber noch werden sie in einem sozialen Netz gehalten, das einiges davon auszugleichen vermag. Kinder werden über das Versorgtwerden durch die Eltern, die Grenzen, die diese ihnen setzen, und durch die vielen noch stabilen Alltäglichkeiten (wie z.b. regelmäßig die Schule zu besuchen, feste Essens- und Schlafenszeiten) zu einem gewissen Teil oder Großteil aufgefangen.

Dies alles ändert sich langsam in der Pubertät. Die Jugendlichen werden aus dieser relativen Klarheit der Kindheit hinausgestoßen in Situationen, die alles andere als klar und eindeutig sind. Der Verlust der Klarheit, der Eindeutigkeit lastet unter Umständen schwer auf ihnen. So schwer, dass der Verlust der Geborgenheit und Sicherheit sie verzweifeln lassen kann. So ist die Suche nach einem Ersatz dieser Verluste für eine Reihe von Jugendlichen die einzige Möglichkeit, um in einer Welt, in der nichts mehr sicher ist, überhaupt überleben zu können.

Dabei suchen sie jedoch die Sicherheit und Klarheit nicht in sich selbst. Ihre eigene Kompetenz halten sie diesbezüglich für zu gering, sei es, weil die Eltern und ihr näheres Umfeld sie vernachlässigt haben, sei es, weil diese sie überversorgt haben. Es fehlt ihnen ein innerer Bezugsrahmen. Sie benötigen statt dessen Sätze, Parolen, Ideen, Ideologien, die ihnen Wahrheit versprechen und denen sie folgen können. Die Suche nach Autoritäten, die ihnen das Heil versprechen, die klar und deutlich verkünden, dass dieser oder jener Weg der einzig richtige Heilsweg für sie ist, ist ihnen eine Offenbarung. Finden sie Menschen oder Institutionen, die ihnen ihre Lebensangst nehmen und ihre Ohnmächtigkeit in eine scheinbare Stärke verwandeln, so sind sie bereit, sich selbst noch mehr als bisher aufzugeben. Denn obwohl sie sich nun sicher fühlen können, findet eine Verbesserung ihrer Lebenssituation nicht wirklich statt. Ihre Selbstaufgabe wird nur kompletter, auch wenn die Betreffenden es selbst nicht bemerken. Für sie ist die Reise in einer ihnen unbekannten und chaotischen Welt, in der sie sich bisher nicht orientieren konnten, endlich zu Ende.

Was sie jetzt bekommen, ist die Versorgung durch Dritte, die ihnen alles vertraut und damit sicher machen. Sie bekommen eine neue Identität, einen Inhalt, an den sie glauben können und der ihnen ihre Unsicherheit nimmt. Sie haben eine Identität von der Stange, sie mussten sie sich nicht erarbeiten, um ihr ganz persönliches Profil zu entwickeln. Andere haben für sie Maß genommen. Ihre Identität ist somit eine übernommene Identität, was nichts anderes bedeutet, als sich von der Last der freien Wahl und Eigenverantworung lösen zu können – etwas, was jeder tut, der sich dafür entscheidet, wie der Vater, wie die Mutter, wie sein Idol zu sein und nicht eine eigenständige Persönlichkeit zu werden. Der Jugendliche muss sich nur an die vorgegebenen Werte anpassen, um sich in seinem Inneren sicher zu sein. Er lebt von nun an in der Geborgenheit seiner elterlichen bzw. einer größeren Gemeinschaft, die ihm jede selbstbewusste Auseinandersetzung mit der Welt abnimmt. Die Gewissheit einer Ideologie, einer Norm zu folgen, kann aus ihrer Sicht nur ein besseres Gefühl vermitteln als das der Ungewissheit und Verwirrung. Sie kann einen quälenden inneren Konflikt beenden oder wenigstens unterdrücken und so Erleichterung verschaffen.

In eine Krise gelangt man nur, wenn die bisherigen Werte in Frage gestellt werden, so dass man mit ihnen nicht mehr konform gehen kann. Es ist eine der Entwicklungsaufgaben in der Pubertät, das Bisherige in Frage zu stellen, sich mit ihm auseinander zu setzen und schließlich seine eigene Meinung zu profilieren – wenn man die dafür notwendigen Fähigkeiten ausgebildet hat. Das heißt nicht, dass es nach diesem Akt der In-Frage-Stellung nicht wieder eine Annäherung an die alte Sichtweise geben kann. Wichtig ist, dass der Jugendliche über die In-Frage-Stellung seiner Ansichten und der Auffassungen seiner Eltern oder anderer Personen und Institutionen ein stabiles Identitätsbewusstsein erarbeitet. Jugendlichen mit einer instabilen Identität gelingt dieser Schritt nicht. Letztlich ist es gleichgültig, ob ein Jugendlicher Anhänger einer **Neonazi-Gruppe,** einer **religiösen Sekte** oder einer **Psycho-Sekte** wird. Das Motiv ist immer das gleiche: die Reduzierung der Welt auf einen einzigen Punkt.

Das Streben nach einer absoluten Sicherheit ist immer Ausdruck einer bestimmten Denkweise. Das Denken von Menschen, die sich Neonazi-Gruppen oder sektiererischen Gruppierungen verschreiben, ist geprägt durch ein einfaches, aber für sie wirkungsvolles Schwarz-Weiß-Schema. Das Universum reduziert sich auf lediglich zwei Zustände: wahr und unwahr bzw. richtig und falsch. Es ist das vertraute Denken der Kindheit. Daraus wiederum entwickelt sich ein Absolutheitsanspruch und die Vorstellung, dass etwas immer zu jeder Zeit richtig sein muss und sich nicht verändern darf. Das Denken weist keine Nuancen auf. Es ist starr und unflexibel. Letztlich ist allen Ideologien, die auf einem solchen Schwarz-Weiß-Schema basieren, folgendes gemeinsam: Sie alle bieten ein vereinfachtes Programm zur Herstellung und Aufrechterhaltung von Sicherheit an.

Das Beispiel des rechtsextremen Denkens kann diesen Umstand verdeutlichen. Das zugrunde liegende Weltbild der Rechtsextremen ist ein geschlossenes Weltbild. Ihre Ziele, Parolen, Programme und Forderungen verweisen auf Krisenängste, Existenzsorgen, die Sehnsucht nach einer heilen Welt und Geborgenheit. Das einseitige Denken des Rechtsextremismus zeigt sich insbesondere in der Propaganda, in der Vertiefung des Heimatgefühls, des Hervorrufens eines Nationalgefühls. Die Anhänger glauben sich im Besitz der alleinigen Wahrheit, dabei sind alle Abweichungen von der rechtsextremen Ideologie als volksfeindlich zu verstehen.

Zu den sicherheitsbezogenen Reaktionen gehört auch die **Gleichaltrigengruppe**. Sie hat für Jugendliche eine wichtige und positive Funktion bei der Bildung einer stabilen Identität. Hier sind sie von Gleichgesinnten umgeben, die sich mehr oder weniger in einer ähnlich problematischen Situation befinden. Sie haben einen Gruppenethos, eine Gruppenideologie, möglicherweise eine Gruppenkleidung. Auch hier gibt es wie in jeden Beziehungsgeflechten eine offene oder verdeckte Hierarchie.

Der Wunsch, zu einer bestimmten Gleichaltrigengruppe zu gehören, entspringt nicht zuletzt dem Wunsch, sich mittels der Gruppe selbst zu finden. Die Geborgenheit und der Schutz des Elternhauses – falls vorhanden – wird nun durch die Zugehörigkeit zu einer anderen Gruppe ersetzt bzw. ergänzt. Die Meinung der Freunde und Kumpels wird wichtiger als die Meinungen der Eltern. In der Gruppe finden Heranwachsende Regeln, sie müssen sich erproben, finden Anerkennung und Zuwendung. Hier können sie ihre sozialen Fähigkeiten einbringen und ausbauen. In der Gleichaltrigengruppe muss der Jugendliche sich seinen Platz erkämpfen; zu Hause hat er seinen festen Platz. Dieser wurde ihm zugedacht, er hat sich nicht wesentlich um ihn bemühen müssen, trotz aller Anpassungsleistungen, die er zu Hause vielleicht hat erbringen müssen.

Dieser äußere Bezugspunkt für die Identitätsentwicklung wird jedoch in dem Moment zur Gefahr für den Jugendlichen, wenn er in die »falsche« Clique gerät. Aufgrund ihres hohen Einflusses kann sie jeglichen Einfluss der Eltern untergraben. Eine Mutter erzählte mir von ihrer vierzehnjährigen Tochter, die durch Zufall in eine Clique von sechzehn- bis achtzehnjährigen Jungen und Mädchen geraten war. Um die Anerkennung der Älteren zu finden, begann sie zunehmend, Alkohol zu trinken, ihren Kleidungsstil radikal zu verändern, erst spät in der Nacht nach Hause zu kommen, Autos zu knacken und ihre Eltern mit finanziellen Forderungen zu terrorisieren. Alle Verbote nützten nichts. Die Tochter ließ sich durch nichts davon abhalten, Teil dieser Clique zu bleiben, die ihr ein starkes Geborgenheitsgefühl gab. Ist das Sicherheitsbedürfnis eines Jugendlichen ausgesprochen hoch, wird die Gleichaltrigengruppe für ihn zum unabdingbaren Ort seiner »Selbstverwirklichung«. Er fügt sich in die jeweilige Gruppe ein, ordnet sich ihr unter, was durchaus bis zur Selbstverleugnung gehen kann.

DER 3. FLUCHTWEG:
Konsum, Konsum über alles in der Welt

Die Alternative zu den psychischen und orientierungsbezogenen Reaktionen liegt in der Ablenkung, in der Flucht in eine Welt, die durch Oberflächlichkeit und Konsum charakterisiert ist – ein Weg, den die meisten Menschen mit einer instabilen Identität einschlagen. Auch diese Reaktion ist ein Versuch, dem eigenen Ich eine Gestalt zu geben, eine Kontur und Klarheit, die die Instabilität der Identität kompensieren soll.

Dafür werden die Möglichkeiten genutzt, die in einer Gesellschaft quasi auf Vorrat liegen und gleichzeitig einen engen Anknüpfungspunkt an die menschliche Natur darstellen. Dies meint, dass der Mensch ein lustbetontes Wesen ist, das die Maximierung seiner Lust und die Minimierung seiner Unlust anstrebt. Die Möglichkeiten, die sich ihm zur Maximierung der Bedürfnisbefriedigung anbieten, sind durch die Jahrzehnte gewachsen und durch die kapitalistische Grundstruktur unserer modernen Gesellschaften vorbereitet worden. Wird Kaufen und Verkaufen zu einem elementaren Bestandteil einer Gesellschaft, ist der **Konsum** das Mittel, um eine solche Gesellschaft am Leben zu erhalten. Dass Konsum in all seinen Spielarten – wie etwa Fernsehen, Thrills und Kicks, Computerspiele, Kleidung, Sexualität, Freizeit oder auch Konsum von Menschen und Beziehungen – dafür benutzt werden kann, sich Lust zu verschaffen, ist nur eine zwangsläufige Entwicklung. Doch wie bei der Sucht ist Konsum keine einmalige Angelegenheit. Er ist darauf ausgerichtet, sich ständig zu wiederholen, um entweder die eigene Befriedigung durch den Konsum zu erhalten oder zu erhöhen. Konsum lebt durch Nachschub an Konsum.

Prinzipiell ist Konsum nicht etwas von vornherein Schädliches. Er wird es nur dann, wenn es außer dem Akt des Konsumierens nichts oder kaum noch etwas anderes gibt, was Befriedigung verschafft. Vom Konsum gefangen zu sein bedeutet, andersartige Erfahrungen nicht wahrnehmen zu können oder zu wollen. Kinder und Jugendliche, die konsumorientiert aufwachsen, können bzw. wollen andere Lebenserfahrungen nicht machen, diese sind nicht Bestandteil ihres Lebenskonzeptes. Für sie ist Konsum das Mittel, um Befriedigung zu erlangen, um eine körperliche bzw. geistige Erregung aufrechtzuerhalten, die ihnen ein Gefühl von Stärke und Größe vermittelt. Über den Akt des Konsumierens fühlen sie sich lebendig; auf diese Weise kann Konsum und Leben für sie durchaus gleichgesetzt werden. Ablenkung in diesem Sinne heißt, sich nicht für andere Erfahrungen öffnen zu können, weil der Blick dafür fehlt, woanders hinsehen zu können, oder aber, weil der Konsum ihnen eben mehr Freude bereitet als der Blick in das eigene Selbst.

Für Erwachsene hat der Dauerkonsum – das Anschaffen von immer neuen Konsumgütern – eine hohe Ablenkungsfunktion. Dies ist ihnen auch nicht zu verübeln, schließlich wollen sie nicht jeden Moment die Dinge sehen, die ihnen beruflich wie privat Angst bereiten oder Angst bereiten könnten. Möglicherweise ist ihnen klar, was sie tun, und genießen es, unbeschwert zu konsumieren, um nach einer Phase der Ablenkung sich wieder der im Vergleich dazu trostloseren Realität zu stellen. Doch für ihre Kinder sind sie nur im Konsum nachahmenswerte Modelle, da Kinder nicht wieder zur Realität zurückkehren können. Für sie bedeutet Konsum Realität und auch, über Konsum ein intensives Lebensgefühl zu haben, das oftmals ein zentrales und ausschließliches Lebensgefühl ist.

Das Hauptproblem beim Konsumieren liegt in der so genannten Normalität. Es gehört zum Alltag unseres Lebens zu konsumieren. Von unserer konsumorientierten Gesellschaft und den »auf Teufel komm 'raus« konsumierenden Mitgliedern dieser Gesellschaft geht die größte Gefahr für die Enthumanisierung unserer Welt aus. Die psychischen und sicherheitsbezogenen Reaktionen von Kindern und Jugendlichen mögen für gelegentliche Schlagzeilen in den Medien sorgen, eine Gefahr für den inneren Bestand unserer Gesellschaft haben sie nicht, solange sie eine gewisse Größenordnung nicht übersteigen.

Die ablenkungsbezogenen Reaktionen bilden hingegen die größte Gefahr für die geistige Entwicklung des Menschen, denn sie führen Schritt für Schritt hin zur Verflachung und Zerstörung der Psyche, indem sie verhindern, dass Fähigkeiten bei Kindern und Jugendlichen ausgebildet werden, die ihnen ermöglichen, ein selbstbestimmtes und verantwortliches Leben zu führen. Konsum ist ein Dauerfeuerwerk und nicht darauf ausgelegt, jemals zu enden oder zur persönlichen Entwicklung beizutragen. Er ist darauf angelegt, an der Oberfläche dessen zu bleiben, was konsumiert werden soll. Wir lernen die Dinge und auch die Menschen, die wir konsumieren, nicht tatsächlich kennen, alles wird sofort ersetzt, sobald es Schwierigkeiten bereitet.

Die Oberfläche verspricht jedoch einen gewissen Halt, wenn man sich nicht in die Fraglichkeit der Tiefenfläche begibt. Sich mit dem Schein zu begnügen, ihn zu suchen und nur ihn zu wollen kann ein Gefühl von Sicherheit geben. Das Hinabtauchen in das eigene Innere – immer vorausgesetzt, dass man noch weiß, wie das geht – geschieht auf eigene Gefahr. Denn vielleicht stößt man dort auf Stille, Leere, Langeweile, die man dann nicht mehr zu bewältigen weiß. Die Ablenkung durch Konsum verhindert diese Innenschau.

Eine dauerhafte Ablenkung von der eigenen Person funktioniert nur, wenn es eine fast lückenlose Berieselung durch Ablenkungsangebote gibt. Sie bestimmen das Glücks- und Zufriedenheitsgefühl. Der Verlust von Ablenkung löst Unbehagen aus, ist doch schon für viele Menschen allein der Gedanke, dass ihr Fernsehgerät defekt werden könnte, unerträglich. Solange die Dosis der Konsumdroge ausreichend zur Verfügung steht, ist die Ablenkung gelungen. Radio und Zweitfernseher sind daher notwendige Accessoires, die in jeden Haushalt gehören. Konsumorientiert zu sein heißt letztlich, sich in einer Endlosschleife zu befinden. Nur über neue Erfahrungen, neue Kicks und Thrills, noch bessere Freizeitangebote kann Ablenkung und das daraus resultierende Lustempfinden aufrechterhalten werden. Diese Steigerung der Ablenkung durch eine Erhöhung der Lustbefriedigung und damit des Strebens nach dem Rausch durch Konsum kann durchaus als Sucht bezeichnet und unsere konsumorientierte Gesellschaft als eine Sucht-Gesellschaft beschrieben werden. Der Mensch in einer konsumorientierten Gesellschaft wird hierbei auf zwei Reaktionen reduziert: Lust und Bedürfnisbefriedigung, die es unter allen Umständen zu erlangen gilt, sowie Unlust und Verzicht, die es unter allen Umständen zu vermeiden gilt. Letzteres fördert das Gefühl, etwas falsch gemacht zu haben, und gemäß der gesellschaftlichen Komsum-Ideologie kann es nur Ziel sein, diesen Fehler schnellstens zu beheben.

Die Oberfläche gibt eine – wenn auch nur oberflächliche – Orientierung. Dies zeigt sich insbesondere in einem Nebenzweig der Konsumindustrie: in der Werbung. Hier wird Konsum mit Schönheit und Jugend gekoppelt. Auch hier wird alles auf das Sichtbare, auf das Oberflächliche reduziert. Schönheit und Jugend sind die abstrakten Kultobjekte des ausgehenden 20. und des beginnenden 21. Jahrhunderts. Sie fungieren als Identitätsersatz. Ist das Innere nicht vorhanden oder schwer zu entdecken, dann ist das, was wir an der Oberfläche sehen, also der Körper, das Maß, an dem der Wert eines Menschen zu erkennen ist. Der **Körper- oder Schönheitskult**, stellt eine Ablenkungsstrategie dar, um eine vermeintlich stabile Identität zu erlangen, die anders nicht mehr erlangt werden kann.

Wie beurteilt man einen Menschen? Wie kann man ihn einschätzen? Indem man sich mit ihm unterhält. Aber man braucht Kriterien, um entscheiden zu können, wie man ihn einschätzen soll. Dies ist ein relativ aufwändiger Prozess, der eine gewisse Lebenserfahrung voraussetzt, und dies wiederum braucht Zeit. Ein viel einfacheres Kriterium, einen Menschen zu beurteilen, ist, lediglich seine Oberfläche zu betrachten. Seine Körpermaße, sein Alter, seine Faltenlosigkeit, seine Attraktivität und Schönheit, seine Kleidung ... Diese Oberflächenmerkmale sind – in den meisten Fällen – bereits auf den ersten Blick erkennbar. Es bedarf hierzu keiner großen Anstrengung. Hat man dabei ein Idealbild im Kopf, wie ein Mann bzw. eine Frau auszusehen hat, ist das Kriterium, wie ein Mensch zu beurteilen ist, perfekt. Der schöne Körper, den man sieht oder hat, suggeriert, eine Persönlichkeit zu sein, eine Identität zu haben.

Der Selbstwert wird auf diese Weise durch die körperliche Oberfläche bestimmt. Das Innere ist nichts Greifbares, man kann es nicht im Spiegel betrachten, nicht in die Hand nehmen. Man wird von anderen dafür selten so bewundert, wie für das entsprechende Aussehen. Es muss nicht einmal immer ausgesprochen werden. Es reichen Blicke, Blicke der Bewunderung – oder eben Blicke der Gleichgültigkeit, die zeigen, dass man für die anderen nicht attraktiv genug ist. Und wenn man den äußeren Attraktivitätsmerkmalen nicht entspricht, so verspricht die Werbung immer bessere Methoden, das Aussehen dem Zeitgeist anzupassen.

Das Aussehen ist in unserer Gesellschaft ungleich wichtiger geworden als Persönlichkeitsmerkmale. Wer nicht dem Schönheitsideal entspricht – und das sind nicht gerade wenige –, muss sich schuldig fühlen oder aber alles dafür tun, um sich dem Ideal anzunähern. Ansonsten hat er verspielt. Doch wie beim Konsum hört die Beschäftigung mit dem Körper nie auf. Denn spätestens das Auftreten der ersten Alterserscheinungen sorgt dafür, die Anstrengungen zu verdoppeln.

Es gibt kein Ende, kein Ziel, das erreicht werden kann, immer nur noch mehr Veränderungen, die angestrebt werden, noch mehr Möglichkeiten, etwas zu erleben, noch mehr Muskeln, noch mehr kaufen, noch mehr aufregenden Sex. Wer an der Oberfläche bleibt, ist zur ewigen Wiederkehr des Gleichen mit immer neuen Mitteln verdammt – um dann irgendwann zu erkennen, dass man sich im Kreis gedreht hat. Wenn man es denn erkennt.

Konsum, Körper- und Schönheitskult sind rituelle Formen, um Kontrolle über das eigene Leben zu gewinnen. Ich kaufe, also bin ich. Ich bin schön und jung, also bin ich. Das Gemeinsame an diesen rituellen Formen der Kontrollgewinnung ist, dass der Blick von der Beschäftigung mit Fähigkeiten bzw. Persönlichkeitsmerkmalen auf die Oberfläche des Menschen gerichtet wird. Hierbei werden Maßstäbe, die zur Beurteilung der eigenen Person führen, nach außen verlagert. Es wird eine außenorientierte Identität aufgebaut, die in höchstem Maße abhängig von den jeweiligen Trends, der Werbung, dem Zeitgeist ist. Eine solche Identität kann in sich nicht stimmig und nur brüchig sein. Sie ist dadurch gekennzeichnet, dass sich ein Individuum mehr oder weniger willenlos von seiner Umwelt in seinen Reaktionen maßgeblich bestimmen lässt und bestimmen lassen will, weil die Fähigkeit fehlt, sich selbst Maßstäbe zu setzen.

Haben wir bisher einige Entwicklungslinien verfolgt, die sich in unterschiedlichen Fluchtwegen und deren Abzweigungen aufgefächert haben, geht es nun im folgenden Kapitel darum, die Gefahren einer instabilen Identität näher zu betrachten. Im Rückgriff auf das Eingangszitat dieses Kapitels sollen nun die Faktoren näher herausgearbeitet werden, die zur Identitätslosigkeit beitragen.

Kapitel 3
Die verlorenen Gesichter der Identität

Die Orientierungslosigkeit des Ich
Einer, Keiner, Hunderttausend

Vor langer Zeit lebte in einem einsam gelegenen Wald ein Tischler. Jeden Sonntag machte er sich auf, um das einzige Dorf am Rande des Waldes zu besuchen. Dort traf er sich mit seinen Freunden, sang, trank und aß mit ihnen nach Herzenslust und verkaufte seine Waren. Jahrelang lebte er so und war zufrieden.

Eines Tages hörte er davon, dass am anderen Ende des Waldes ein zweites Dorf erbaut worden war. Neugierig geworden beschloss er, diesem Dorf einen Besuch abzustatten. Auch hier lebten Menschen, mit denen sich der Tischler schnell anfreundete. Er aß und trank mit ihnen und verkaufte seine Waren. Damit er seine Freunde im ersten Dorf nicht zu vernachlässigen brauchte, entschied er, dass er das erste Dorf wie gewohnt Sonntags und das neue Dorf jeden Samstag aufsuchen würde.

Im nächsten Jahr wurde ein drittes Dorf am Rande des Waldes erbaut. Auch dieses Dorf suchte der Tischler auf, gewann viele neue Freunde, verkaufte seine Waren und feierte mit ihnen Feste. Dieses Dorf beschloß der Tischler ebenfalls einmal in der Woche aufzusuchen und entschied sich für den Freitag.

Im Laufe der Jahre wuchs die Zahl der Dörfer auf sieben an, und der Tischler war an jedem einzelnen Tag in der Woche in einem dieser Dörfer. Schon bald gab es vierzehn Dörfer. Der Tischler konnte sich in jeden Dorf nur noch einen halben Tag aufhalten, und als es dreißig und mehr Dörfer gab, konnte er nur noch stundenweise in einem Dorf bleiben, bis er zum nächsten Dorf ging.

Auf dem Weg zu einem der Dörfer begegnete der Tischler im Wald einen alten Mann, der auf einem Baumstumpf saß.

»Ich kenne dich!« sagte der alte Mann. »Du bist doch der Tischler, der im Wald wohnt. Ich habe gehört, dass du auch sehr schöne und bequeme Lehnstühle machst. Ich will dir einen abkaufen!«

Das kam dem Tischler gerade recht. Denn dadurch, dass er von Dorf zu Dorf zog, hatte er fast sein gesamtes Vermögen aufgebraucht, und Zeit zum Herstellen und Verkaufen seiner Waren hatte er nicht mehr. Und da er wusste, dass er noch einen schönen Lehnstuhl in seiner Hütte hatte, beschloss er, seinen Geldbeutel ein wenig aufzufüllen.

»Komm mit zu meiner Hütte!« forderte ihn der Tischler frohgemut auf. »Dort will ich dir einen schönen Lehnstuhl verkaufen!«

Der Tischler wollte den alten Mann zu seiner Hütte führen. Doch so sehr er sich auch bemühte, den richtigen Weg zu seiner Hütte zu finden, er fand ihn nicht. Stundenlang irrten sie durch den Wald.

»Ich finde meine Hütte nicht mehr!« gestand der Tischler dem alten Mann schließlich traurig ein.

»Du weißt nicht mehr, wo deine Hütte ist?« fragte der alte Mann überrascht und schüttelte den Kopf.

»In all den Jahren, in denen ich von Dorf zu Dorf gezogen bin, habe ich den Weg vergessen!« sagte der Tischler und weinte bitterlich.

»Nun, dann wirst du dir wohl ein neues Zuhause suchen müssen!« meinte der Alte und verschwand.

Das fand auch der Tischler und machte sich auf in das nächste Dorf, um sich dort ein Haus zu bauen.

»Wenn du hier ein Haus bauen willst, dann muss es genauso aussehen wie alle anderen Häuser!« wurde ihm gesagt. Die Häuser in diesem Dorf waren alle eckig, hatten ein flaches Dach und waren von brauner Farbe.

Der Tischler war einverstanden. Und so baute er sich ein Haus. Aber nach einer Weile gefiel es ihm nicht mehr, und er zog in ein anderes Dorf.

»Wenn du hier ein Haus bauen willst, dann muss es genauso aussehen wie alle anderen Häuser!« teilte ihm der Dorfvorsteher mit. In diesem Dorf waren alle Häuser rund, hatten ein in der Mitte spitz zulaufendes Dach und waren grün.

Der Tischler gab sein Einverständnis und baute sich ein Haus. Doch es dauerte nur wenige Wochen, da gefiel ihm auch sein neues Heim nicht mehr. Also packte er seine Sachen und zog in das nächste Dorf.

»Wenn du hier ein Haus bauen willst, dann muss es genauso aussehen wie alle anderen Häuser!« meinte die Dorfgemeinschaft.

Da ging der Tischler in den Wald zurück, setzte sich auf einen Baumstumpf und begann, bitterlich zu weinen.

*

Im Meer der Möglichkeiten zu schwimmen, sie alle berühren, aber keine von ihnen festhalten zu können heißt, orientierungslos zu sein. Im Gegensatz dazu bedeutet eine Orientierung zu haben, eine oder wenige von den Möglichkeiten zu ergreifen und festhalten zu können. Es sind die in der Kindheit erworbenen Basisfähigkeiten und die im Umgang mit nahestehenden Menschen erlebte Sicherheit sowie weitere im fünften Kapitel noch zu beschreibende Fähigkeiten, die einem Kind jene Plattform liefern, auf der es seine Geschichte, sein Leben, seine Überzeugungen, Einstellungen und Werte aufbauen kann. Ein solcher innerer Bezugsrahmen ist die Voraussetzung dafür, die eigene Person als eine Einheit zu erleben.

Aufgrund ihres noch eingeschränkten Denk- und Handlungsvermögens benötigen Kinder das Erleben einer weitgehend klar strukturierten Welt, in der es einfach ist, zwischen Gut und Böse, zwischen Richtig und Falsch oder noch prinzipieller zwischen Ja und Nein unterscheiden zu können. Erst diese grundlegende Erfahrung vermittelt ihnen ein Bewusstsein von der Stabilität ihres Ich, indem sie diese für sie zunächst klare Trennung – diesen für sie zunächst nicht hinterfragbaren binären Code – auf sich selbst anwenden und sich in Eindeutigkeit von anderen unterscheiden lernen.

Erst wenn dieser Schritt im Verlauf der Kindheit vollzogen wurde, sind Menschen mehr oder weniger dazu bereit, die nicht immer schmerzlose Erfahrung zu machen, dass weder die Einheit des Ich noch die Einheit der Welt im gewünschten Maße existiert. Dieser Erkenntnis kann sich in unserer heutigen Zeit kaum noch jemand dauerhaft entziehen. Sie belastet Heranwachsende wie Erwachsene gleichermaßen. Aber sofern ein innerer Bezugsrahmen besteht, kann diese Erkenntnis nicht dauerhaft schaden. Denn der Bezug zu der einmal gemachten Erfahrung von der Einheit des Ich ist dann unwiederbringlich in die Psyche des Menschen eingegraben.

Der weinende Tischler aus der obigen Geschichte wird den Weg zu seinem Heim wiederfinden. Früher oder später. Wir wissen nicht, wie er es vorfinden wird. Verwüstet oder weitgehend heil? Aber über die Erfahrung der Einheit des Ich in seiner Vergangenheit und über die Erfahrung der Vielheit des Ich in der Gegenwart sind die Grundlagen geschaffen, um zu einer Synthese zu kommen, die die Vorteile beider Erfahrungen in sich vereinigen kann.

In seinem 1924 fertiggestellten Roman *Einer, Keiner, Hunderttausend* von Luigi Pirandello nimmt der Autor die Identitätsproblematik des späten 20. Jahrhunderts vorweg. Die Hauptfigur dieses Romans erfährt sich zunächst als eine Einheit, als ein in sich geschlossenes und eindeutiges Ich. Durch eine Bemerkung seiner Frau wird ihm deutlich, dass er nicht einer, sondern keiner ist. Das Erleben der Einheit verliert sich in ihm. Er ist »Keiner«, weil je nach Betrachtung, je nach Stimmung er ein anderes Ich sein kann oder könnte und damit keine Kontur mehr hat. Weil er »alles« sein kann bzw. ist, ist er ein Nichts. Doch dann wird ihm bewusst, dass er »Hunderttausend« ist, ein Mensch voller Facetten. Er kann mit der Freiheit, kein eindeutiges Ich zu sein, leben und einen darauf basierenden neuen Lebensentwurf kreieren. Aus der Unsicherheit des »Keiner« erwächst ihm eine neue Sicherheit im »Hunderttausend«.

Doch was geschieht mit Kindern und Jugendlichen, die ohne ein Bewusstsein von der Einheit ihres Ich mit der Unbegrenztheit ihres Ich aufwachsen? Denen ein stabiler innerer Bezugsrahmen fehlt und die deshalb keine Plattform haben, mit deren Hilfe sie ihre Erfahrungen einordnen und stabilisieren können? Die alles berühren, und nichts davon durchdringt die Oberfläche ihrer Wahrnehmungen, um sich zu einer Substanz zu verdichten, die wir letztendlich das Selbst nennen? Die zwangsläufige Folge ist die Entwicklung einer instabilen Identität, mit allen bereits beschriebenen Folgen und Risiken.

Wenn Kinder und Jugendliche mit einer solchen instabilen Identität in sich hineinsehen, dann erblicken sie einen langen Flur mit vielen Türen und unaufgeräumten, nicht miteinander verbundenen Zimmern. Ihr Ich ist ein zerplittertes Ich. Ein Ich, das aus vielen kleinen Teilen besteht. Doch diese kleinen Teile lassen sich nicht zusammensetzen wie ein Puzzle, das schließlich ein in sich schlüssiges Gesamtbild ergibt. Es sind bezugspunktlose Fragmente, die, ohne eine Beziehung zueinander zu haben, nebeneinander stehen.

Die pluralistischen und hochkomplexen Gesellschaftssysteme, in denen wir im westlichen Kulturkreis leben, bieten uns eine Vielfalt an Möglichkeiten, die Welt und uns selbst wahrzunehmen. Eine Vielfalt wie in einem gigantischen Einkaufszentrum, in dem alles angeboten wird, was das Herz begehrt bzw. was es begehren könnte. Diese Vielfalt überfordert das Gehirn, das – evolutionär bedingt – nach Übersicht und Klarheit verlangt. Unfähig, sich auf ein Angebot aus dem Warenhauskatalog zu konzentrieren, berührt ein mit dieser Vielfalt konfrontierter Mensch jedes Angebot nur kurz, ohne länger bei ihm zu verweilen.

Ähnlich ist es mit den Verhaltensweisen eines Menschen. Die Vielzahl an Möglichkeiten, um auf ein Problem, eine Situation, ein Ereignis zu reagieren, erfährt ein Kind bzw. ein Jugendlicher durch das Massenangebot der Medien. Zwangsläufig führt diese Form der Vielfalt an Verhaltensweisen zur Relativierung ihrer Bedeutung. Wenn es nicht mehr das »richtige« bzw. »falsche« Verhalten gibt, ist jedes Verhalten richtig oder kann es zumindest sein. Es kann aber auch falsch sein. Die Fähigkeit, dies zu unterscheiden, geht verloren, Orientierungslosigkeit nimmt ihren Anfang. Dies nimmt dem Kind die Möglichkeit, sich im Lauf der Welt zu positionieren und die Erfahrung der Relativität von Werten und Bewertungen in späteren Jahren aus einer anderen Perspektive als der der Orientierungslosigkeit zu machen.

Das Kriterium des Denkens, Fühlens und Handelns ist für den instabilen Menschen die momentane Stimmung, seine jeweilige Lust- bzw. Unlustempfindung diktiert die Reaktionen und Entscheidungen. Auf diese Weise kann keine Struktur im Erleben entstehen, sondern nur ein endloses Band an wahllosen Aneinanderreihungen von zusammenhanglosen Erfahrungen. So kommt es zu keinem Rückgriff auf einmal stabilisierte Verhaltensweisen, sondern nur zu einem planlosen Hineingreifen in eine übervolle Kiste von Verhaltensweisen.

Die fehlende und notwendige Begrenzung auf das Eine führt zur Entgrenzung des Ich und entlässt es in die »Strukturlosigkeit« des Beliebigen. Wie beim Zappen von einem Fernsehkanal zum nächsten erleben Kinder und Jugendliche keine Kontinuität mehr in ihrem Erleben und Verhalten, was zu einem zersplitterten Ich führt. Dieser Umstand bedeutet allerdings nicht, dass Kinder und Jugendliche mit instabiler Identität keine Stabilität in ihrem Erleben und Verhalten herstellen würden. Allein das auf Ordnung bedachte Gehirn sorgt dafür, dass zumindest eine minimale Stabilität erreicht wird. Diese bezieht sich auf das oben erwähnte Kriterium der Lust- und Unlustempfindungen, die in einem der folgenden Abschnitte noch ausführlicher beschrieben wird. Sie ist die »stabile« Plattform, die das Leben dieser Menschen wie ein roter Faden durchzieht.

Alles, was sie aufgrund dieser minimalen Plattform erleben, hat keinen dauerhaften Charakter. Ihre Erlebnisse sind Bruchstückerlebnisse, ihre Erfahrungen sind Bruchstückerfahrungen. Ihr Denken, Fühlen und Handeln sind Bruch-

Bitte informieren Sie mich regelmäßig über die Bücher aus dem KREUZ Verlag. Folgende Themen interessieren mich besonders:

01 ☐ Religion und Spiritualität
02 ☐ Psychologie und Lebenshilfe
03 ☐ Tod und Sterben
04 ☐ Märchen, Mythen, Symbole
05 ☐ Frauenthemen
06 ☐ Bücher zum Verschenken
07 ☐ Die Bücher aus der Edition Schaffer
08 ☐ Gesamtprogramm/Neuerscheinungen
09 ☐ Medizin und Gesundheit
10 ☐ Ratgeber
11 ☐ Musik-CDs
12 ☐ Eltern, Kind, Familie
15 ☐ Elektronische Publikationen (CD-ROM)
14 ☐ Kinder- und Jugendbücher
00 ☐ Bitte informieren Sie mich auch über die religiösen Zeitschriften aus dem KREUZ Verlag

Vorname/Name oder Institution

Straße, Nr.

PLZ/Wohnort

Antwort

Kreuz Verlag
– Leserservice –
Postfach 80 06 69

D-70506 Stuttgart

Bitte
freimachen.
Danke.

Liebe Leserin, lieber Leser,

wir informieren Sie gerne über weitere Bücher und die Zeitschriften aus dem Kreuz Verlag. Schicken Sie einfach diese Karte ausgefüllt zurück. Übrigens: Wenn Sie gerade Zeit und Lust haben, beantworten Sie doch die nebenstehenden Fragen. Ihre Antworten würden uns helfen, unsere Arbeit effektiver zu machen und noch besser auf die Wünsche unserer Leserinnen und Leser abzustimmen.
Herzlichen Dank!
Es grüßt Sie

Ihr
Kreuz Verlag

B. Aurann

Dipl.-Ing. Bernd Friedrich
Geschäftsführer

Hier meine Antworten

Diese Karte entnahm ich dem Buch

Haben Sie dieses Buch
❏ gekauft ❏ geschenkt bekommen?

Wurden Sie auf dieses Buch aufmerksam durch
❏ Ihren Buchhändler ❏ Empfehlung
❏ Werbung; Besprechung in ❏ Funk ❏ TV
❏ Zeitung/Zeitschrift

Wie hat Ihnen dieses Buch gefallen?
❏ sehr gut ❏ geht so ❏ gar nicht

Kannten Sie den KREUZ Verlag bereits?
❏ ja ❏ nein

Welche Themen interessieren Sie?
❏ Familie, Eltern, Kinder ❏ Selbsterfahrung,
Therapie ❏ Bibel und Gemeinde
❏ Postkarten, Poster, Bildbände
❏ Kinder- und Jugendbücher ❏ Umwelt, Natur
❏ Politik, Alltag ❏ Populäre Wissenschaft
❏ kulturelle Themen

Wo kaufen Sie Ihre Bücher?
❏ Bei meinem Buchhändler ❏ Bahnhofs-
buchhandel ❏ Versandbuchhandel ❏ Kaufhaus
❏ per Internet

Wie viele Bücher kaufen Sie ungefähr pro Jahr?
❏ 1 bis 2 ❏ ca. fünf ❏ ca. zehn ❏ mehr

Interessieren Sie sich für Musik? ❏ ja ❏ nein
Interessieren Sie sich für Multimedia-
Produkte? ❏ ja ❏ nein

Verraten Sie uns Ihr Alter? _____ Jahre.

stücke, die sich weder aufeinander beziehen noch sich ergänzen. Sie werden nicht als etwas Einheitliches erlebt. Ihre
Erfahrungen, ihre Erlebnisse haben deshalb keine Vergangenheit im klassischen Sinne, denn sie basieren nicht auf einem inneren Bezugsrahmen, auf den zurückgeblickt werden könnte.

Das, was diese Kinder in ihrer Vergangenheit erlebten, in
der Gegenwart erleben, war und ist deshalb nur eine Aneinanderreihung von sich verflüchtigenden Oberflächener-
fahrungen, die keine bleibenden Spuren im Leben eines
Menschen hinterlassen. Auch ihr späteres Leben kann dann
nur eine Aneinanderreihung von unzusammenhängenden
Ordnungen und flüchtigen Eindrücken sein. Da sie keine
stabile Identität entwickeln, ihr eigenes Ich deshalb nicht in
Form bringen konnten, bleibt ihnen nichts anderes übrig,
als sich vor sich selbst und anderen als eine stabile Identität
zu inszenieren. Was sie in der Realität nicht erworben haben, spielen sie sich vor.

Solche Kinder und Jugendliche begeben sich in Pose, auch
später als Erwachsene. Aufzufallen und zu gefallen ist hierbei oft nur noch das einzige Ziel. Es geht nur darum, die eigene Person geschickt zu präsentieren und kalkulierte
Außenwirkungen zu erzielen. Um in unserer heutigen Zeit
als eine Persönlichkeit zu gelten, muss man aus diesem
Grunde häufig lediglich den Anschein erwecken, als wäre
man eine solche. So haben ältere Kinder und Jugendliche
bestimmte Vorstellungen davon, wie beispielsweise ein
selbstbewusster und cooler Mensch auftreten muss und imi-
tieren das entsprechende Verhalten. Die Verkörperung bzw.
Verinnerlichung des Präsentierten ist dabei nicht notwendig.

Verinnerlichung bedeutet, dass ein Mensch im Laufe von
Jahren sich in eine Identität hineingearbeitet und einen

dazu passenden Erfahrungshintergrund aufgebaut hat. Die Verinnerlichung weicht nun der Präsentation, und die ist auf jede nur denkbare Weise möglich. So beherrscht und überlegen wie Sharon Stone in *Basic Instinkt*, so cool und locker wie Tom Cruise in *Mission Impossible*, so smart wie Pierce Brosnan in *Golden Eye* etc. Dieser neue Typ Mensch, der sich mit einer Identität schmückt, die er nicht hat, kann mit einem solchen inszenierten Ich nur an der Oberfläche dessen bleiben, was er – mangels Wissen – für Innerlichkeit hält.

Dass es in unserer Gesellschaft immer weniger darauf ankommt, etwas zu sein, und es statt dessen ausreicht, nur so zu erscheinen, zeigt sich u.a. in dem Umstand, dass heute blutjunge SchauspielerInnen, ModeratorInnen oder JournalistInnen nicht als Widerspruch zu den von ihnen präsentierten Themen und Rollen gesehen werden. Wenn knapp der Pubertät entronnene »Schauspieler« und »Schauspielerinnen« erfolgreiche Kommissare, Ärzte, Rechtsanwälte spielen, ebenso junge »Talkmaster« und »Journalisten« über brisante Lebensthemen reden, Menschen nach ihrem äußerlichen Erscheinungsbild beurteilt werden, dann unterstreicht dies letztlich, dass es nicht mehr auf die Verkörperung des Präsentierten ankommt. Nur der Effekt zählt!

Kinder und Jugendliche mit einer instabilen Identität greifen je nach Situation aus dem Pool an Rollenmöglichkeiten diejenige Ich-Facette heraus, die ihrer Auffassung nach bei anderen und auch für die eigene Person am meisten Eindruck macht. Die Bedeutungslosigkeit dieser Ich-Facetten für die Entwicklung einer stabilen Identität liegt auf der Hand. Sie sind nur ausgeliehen, nicht in einer Person natürlich gewachsen, sie haben keine zur Person gehörende Lebensgeschichte und keinen darauf basierenden Erfahrungshintergrund. Sie haben keine Form, in die die dazu passende Lebenserfahrung gegossen werden könnte. Statt dessen bilden sich nur ständig neue, sich schnell wieder verflüssigende Formen, die keinen Bezug zueinander haben. Ein solches fragmentiertes und sich verflüssigendes Ich besteht aus oberflächlichen Erscheinungen. Ob die Präsentation eines »Ich« die ihr gebührende Aufmerksamkeit bekommt, bestimmt das Publikum: die Freunde und Bekannten, unter Umständen auch Fremde, die über bewundernde Blicke und Gesten, Komplimente, Neid, den nötigen Applaus geben oder ihn verweigern. Hat eine Rolle nicht den gewünschten Erfolg, muss eben eine andere, wirkungsvollere Rolle präsentiert werden. Die »Stabilität« und Wirkung einer vorgetäuschten Identität hängt also in hohem Maße von der Zustimmung Dritter ab, von denen man nicht selten abhängig ist. Dies führt bei älteren Kindern und bei Jugendlichen letztlich zu einer ständigen Anpassung an vorherrschende Trends (die von den Medien geschaffen werden), um einen bestimmten, gerade populären Typus zu »verkörpern«.

Die Namenlosigkeit des Ich
Gut dass niemand weiß, dass ich Rumpelstilzchen heiß'!

Ein Wanderer kam eines Abends durch ein Tal. Müde ließ er sich auf einen Stein sinken und hörte auf das Rauschen des Windes, das durch die Bäume fuhr.
»Hilf mir!« hörte er plötzlich eine Stimme sagen.
Der Wanderer sah sich um, konnte aber keinen Menschen entdecken.
»Wo bist du?« fragte er die Stimme.
»Hier!« antwortete diese. Doch der Wanderer konnte niemanden sehen. Immer wieder fragte er die Stimme und erhielt immer die gleiche Antwort. Schließlich gab er es auf und fragte stattdessen:
»Wer bist du?«
»Ich weiß es nicht!« antwortete die Stimme.
»Zeige dich mir!« forderte der Wanderer die Stimme auf.
»Das geht nicht!«
»Warum nicht?« wollte der Wanderer wissen.
»Ich bin hier und doch nicht hier. Ich bin überall. Ich bin gleichzeitig!«
»Was willst du von mir?« fragte der Wanderer. »Wie kann ich dir helfen?«
»Gib mir Gestalt!« bat ihn die Stimme.
»Wie kann ich dir Gestalt geben? Ich sehe dich nicht. Ich weiß nicht, wo du bist!«
»Gib mir einen Namen!«
»Wie kann ich dir einen Namen geben, wenn ich nichts von dir weiß! Erzähle mir von dir, und ich werde dir einen Nahmen geben!«
»Ich bin hier. Ich bin dort! Ich verweile nirgendwo! Nichts hält mich! Ich zerrinne in meinen Gedanken, ständig. Was ich bin, ist nicht sagbar! Es fehlen mir die Worte, um zu beschreiben, was und wer ich bin!«
»Es tut mir leid!« sagte der Wanderer und erhob sich von seinem Stein. »Aber so kann ich dir nicht helfen!«
Mit diesen Worten ging er.

*

Den eigenen Namen auszusprechen ist mehr als nur das Nennen einiger Worte. Die Namen werden von den Eltern verliehen. Ein Kind hat keinen Einfluss darauf; darauf, seinen Namen mit Inhalt zu füllen, schon. Mit dem Aussprechen des eigenen Namens entblättert sich dann – unhörbar für die anderen, aber umso hörbarer für einen selbst – die gesamte persönliche Geschichte. Ein Name ist eine Identifikation mit sich selbst: die Summe aller Unterscheidungen, die uns von den Namen und damit von der Geschichte anderer Menschen trennen.

Die Fähigkeit zu unterscheiden ist uns angeboren, und über die Sprache fassen wir die Unterscheidungen in Worte. Auf diese Weise schaffen wir Klarheit, trennen wir das Chaos von der Ordnung, die wir selbst erschaffen. Wir erkennen uns als ein Individuum, in dem jede Geschichte, jede einzelne Erzählung eine Bedeutung hat und Geschichten und Erzählungen zu einem gemeinsamen Aufbau miteinander verknüpft sind. In dem Moment, wo der Spion seiner Majestät sich vorstellt: »Mein Name ist Bond! James Bond!« weiß der Träger dieses Namens, was alles damit verbunden ist. Er erinnert sich an seine Abenteuer, seine Freunde und Feinde, seine Frauenbekanntschaften. Aber darüber hinaus oder besser noch darunter sind es seine Überzeugungen, seine Einstellungen, seine Fähigkeiten, seine Erfahrungen, die ihn zu dem werden lassen, was er ist. Es entblättert sich vor ihm gleichsam die Geschichte seines Lebens.

Für Rumpelstilzchen im gleichnamigen Märchen war es das Schlimmste, dass jemand seine Identität – und damit seinen Namen – wusste. In diesem Augenblick war es erkannt und durchschaut. Sein privatestes Ich war nicht mehr sein Geheimnis. Im Moment der Enttarnung wurde es unterscheidungslos. Es war nicht mehr ein Ich. Ein Geheimnis zu haben, etwas, das andere nicht von einer Person wissen, garantiert eine innere Exklusivität, die jeder Mensch benötigt. Denn sie macht ihn zu dem, der er ist. Ein öffentliches Ich zu sein, das sich nicht aus der Masse heraushebt, trägt kein echtes Merkmal der Individualität in sich. Es ist ein nebulöses Etwas, das sich nicht abgrenzen kann, das konturlos ist und verschwimmt – das namenlos und **nicht wesentlich unterscheidbar von anderen** ist.

Ein Mensch ohne stabile Identität ist ein Niemand, eine Chimäre. Und es ändert nichts daran, dass er sich auffällig zu kleiden vermag, ein attraktives Äußeres besitzt oder klug daherzureden weiß. Er ist trotzdem nicht erkennbar. Denn auch er kennt sich letztlich nicht. Wir wissen nicht, wer er ist und was er ist, weil er keine Anhaltspunkte bietet, sondern nur ein reflexhaftes Zucken auf die Reize liefert, die die Medien tagtäglich aussenden. Die Gedanken identitätsloser Menschen geben ihnen keinen Halt, ihre Gefühle auch nicht. Auf sich selbst zurückgeworfen finden sie in sich keine zusammenhängende Geschichte, die von ihrem Leben erzählt, sondern nur eine Aneinanderreihung miteinander lose verbundener Erlebnisse.

Aber auch noch in einem anderen Zusammenhang haben Namen eine Bedeutung bzw. wird die Namenlosigkeit zu einem Problem der Identität. Eine der wesentlichsten Unterscheidungen, die Kinder bewusst treffen müssen, ist die zwischen Fiktion und Realität. Sie müssen ihren Erfahrungen einen Namen geben, um den Unterschied zu erkennen und sich nicht im Irrealen zu verlaufen. Ein Kind kann mittels seiner Phantasie eine Banane für eine Pistole, ein Bett für ein Schiff halten. Es weiß, dass eine Banane in der Realität keine Pistole und ein Bett kein Schiff ist, aber es kann sich dies vorstellen, und am Ende des Spiels hat alles wieder automatisch seine Ordnung: Die Banane ist keine Pistole mehr und das Bett kein Schiff. Und es hält auch die Schule nicht für Phantasie, auch wenn es sich dies noch so oft wünschen mag.

Die Unterscheidung zwischen Realität und Fiktion zu treffen heißt, ihnen bewusst diese Namen zu geben und zu wissen, was machbar und was nicht machbar ist.

Eine Mutter berichtete mir in diesem Zusammenhang von ihrem zehnjährigen Sohn, der oft stundenlang mit seiner Playstation spielte. Insbesondere mochte er Kampfspiele und hierbei wiederum besonders Kampfsportspiele. Er hatte in diesen Spielen eine gewisse Geschicklichkeit erreicht. Auf die Frage, ob er sich denn schon einmal geprügelt habe, antwortete er, dass er besser als Bruce Lee und Van Damme kämpfen könne. Er würde jeden Gegner besiegen, selbst Kinder, die wesentlich größer seien als er. Er könne es auch mit mehreren Gegner zugleich aufnehmen. Er habe vor nichts Angst. Auf meine Frage, ob ich ihm ein paar Karatetechniken beibringen könne, winkte er ab und meinte, dass dies schlichtweg unmöglich sei, denn er könne schon alles. Dann machte er einige wilde Bewegungen mit Armen und Beinen und dabei blieb es.

Ein paar Wochen später suchte mich die Mutter des Jungen auf und erzählte mir, dass ihr Sohn vor ein paar Tagen von einem wesentlich kleineren Jungen geschlagen worden sei. Ihr Sohn sei heulend nach Hause gelaufen, habe sich in sein Zimmer eingeschlossen und sei mehrere Stunden nicht mehr ansprechbar gewesen. Ich beglückwünschte die Mutter zu diesem Ereignis. Nicht, dass ihr Sohn geschlagen worden war, sondern dafür, dass er eine elementare und wichtige Erfahrung gemacht hat, nämlich die Unterscheidung von Fiktion und Realität.

Realität ist die Wahrnehmung, dass es Unterschiede gibt zwischen Wollen und Können. Realität macht auf eine Grenze aufmerksam, die zu einem Widerstand wird, wenn man ihr begegnet. Die Realität der Angst, der Mutlosigkeit, des Weglaufens vor dem wesentlich kleineren Jungen offenbart ein Hindernis, das nicht ohne weiteres zu überwinden ist. Es erfordert eine Aktion, eine Anstrengung, eine Überwindung. In diesen und ähnlichen Momenten erfährt ein Mensch etwas über sich selbst. Zum einen, dass ihm nicht alles möglich ist, auch wenn er es will, und zum anderen, dass ihm sehr vieles möglich sein kann, wenn er sich anstrengt. Beide Erfahrungen sind für Kinder sehr wichtig, an ihnen können sie sich ausrichten. Sie sagen etwas über einen Menschen aus, sie helfen ihm, sich kennenzulernen. Erst in der Auseinandersetzung mit der Realität und der gleichzeitigen Unterscheidung zur Fiktion erkennt ein Mensch sich selbst.

Dort, wo Kinder nicht die Erfahrung machen, dass ihrem Erleben Grenzen gesetzt sind, können sie sich nicht einschätzen. Sie sind überall und nirgends. Sie haben keinen festen Platz in sich. Sie können weder ihren Namen mit Inhalt füllen noch können sie ihren Erfahrungen einen Namen geben. In dieser Unfähigkeit sind sie verdammt, **Gefangene des Nebulösen** zu sein und zu bleiben.

Die Rastlosigkeit des Ich
Ein Gefühl sagt mehr als tausend Worte!

»Gib mir Leben!« forderte der Körper sein Bewusstsein auf.
»Ich verstehe dich nicht! Lebst du etwa nicht? Was willst du von mir?!« reagierte das Bewusstsein verblüfft.
»Gib mir Leben!« gab der Körper keine Ruhe.
»Ich gebe dir zu essen und zu trinken, ich wasche dich, ich kleide dich, ich bette dich zur Ruhe, wenn du müde bist, und gebe dir Wärme, wenn dir kalt, und Kälte, wenn dir zu warm ist!«
»Zu wenig, zu wenig!« schrie der Körper. »Ich will spüren, dass ich lebe!«

»Du undankbares Geschöpf!« schimpfte das Bewusstsein und beschloss, das Gejammer seines Körpers fortan zu ignorieren. *Doch der Körper ließ es nicht zur Ruhe kommen, bis das Bewusstsein schließlich nachgab. Es veranlasste den Körper, in einen kalten Fluss zu springen.*
Der jubelte voller Freude.
»Hast du jetzt genug?« brüllte das Bewusstsein seinen Körper an. *»Spürst du jetzt, dass du lebst?«*
»Mehr, mehr!« schrie der Körper zurück. *»Noch einmal, noch einmal!«*
Bis zur Erschöpfung ließ das Bewusstsein den Körper immer wieder in den Fluss springen. Doch der hatte nicht genug.
»Leben!« schrie der Körper außer sich, als das Bewusstsein eine Pause einlegte. *»Renne!«* befahl es dem Körper. *»Renne bis dir die Luft ausgeht!«*
Und so rannte der Körper durch einen Wald.
»Phantastisch!« jubelte er. *»Phantastisch! Mehr, mehr und nochmals mehr!«*
Jeden Tag forderte der Körper von seinem Bewusstsein, dass es ihm mehr Leben geben solle. Und jeden Tag ließ sich das Bewusstsein etwas Neues einfallen, um seinen Körper zufrieden zu stellen. Eines Tages jedoch war das Bewusstsein so erschöpft, dass es sich weigerte, dem Körper weiterhin zu Gefallen zu sein.

Da jammerte der Körper gar sehr und wollte nicht mehr aufhören zu jammern. Das Bewusstsein aber sehnte sich endlich nach Entspannung und nach ein wenig Zeit für sich, um in aller Ruhe einen Kaffee zu trinken oder einfach nur einmal einen Sonnenuntergang zu beobachten. Doch der Körper ließ ihm keine Ruhe. Und so blieb dem Bewusstsein nichts anderes übrig, als tagaus, tagein, seinen Körper zu beschäftigen.

Als der Tag kam, wo der Körper völlig entkräftet war, klagte ihn das Bewusstsein an.

»Hör auf, hör auf! Du treibst dich und mich in den Tod. Warum kannst du mich nicht endlich in Frieden lassen?! Ich habe dir gegeben, was du willst. Du hast nie genug bekommen. Jetzt sind wir am Ende aller Kräfte. Hör doch auf, uns so zu quälen!«

Da antwortete ihm der Körper:
»Nicht ich bin es, der dich dazu treibt, mir immer mehr zu geben!«
»Wer soll es denn sonst sein?« wollte das Bewusstsein erstaunt wissen.
»Du bist es!«
»Ich?«
»Ja! Du! Du sehnst dich danach, dass Leben in dir zu spüren. Ich reagiere nur auf deine Unausgewogenheit. Sobald du mich nicht mehr spürst, fühlst du dich tot, weil du dich selbst nicht mehr ertragen kannst!«
Da schwieg das Bewusstsein.

*

Ein Mensch schlägt nach einem langen Schlaf seine Augen auf. Er ist wach. Er beginnt sich zu spüren. Es gibt keinen unmittelbareren Beweis, am Leben zu sein, als den eigenen Körper wahrzunehmen.

In den Zeiten der Orientierungslosigkeit und Namenlosigkeit des Ich hat dieses Spüren des Körpers Hochkonjunktur. Es ist für eine Vielzahl von Menschen oft der einzige Beweis, dass sie existieren. Man könnte meinen, dass dieses simple körperliche Erleben der eigenen Existenz eine Selbstverständlichkeit darstellt. Und im Allgemeinen mag dies auch so sein. Wir verschwenden kaum einen Gedanken an das uns vertraute körperliche Gefühl, am Leben zu sein.

Doch wenn der Körper die vermeintlich einzige Instanz für das Sich-lebendig-Fühlen wird, dann ist es lediglich eine Frage der Zeit, bis das Leben eines Menschen nur noch um dieses Erleben kreist. Die Anregung des Körpers wird zum Maßstab des Denkens, Fühlens und Handelns, wenn die geistige Anregung auf der Strecke bleibt. Wer einen Sinn im Leben hat, ein persönliches Ziel, worauf er hinarbeiten kann, wird seine Befriedigung in diesen Tätigkeiten finden. Auch wenn Begriffe wie Sinn und Ziel abstrakte Begriffe sind, werden sie zu konkreten körperlichen Erlebnissen, weil sie in Gefühlen wie Zufriedenheit, innerer Harmonie, Glück und Ausgeglichenheit zum Ausdruck kommen. Fehlen Kindern und Jugendlichen die nötigen Basisfähigkeiten, die sie zu einem solchen Erleben fähig machen, bleibt ihnen schließlich nur noch als einziger Bezugspunkt das körperliche Erleben.

Der Körper nimmt die Zerstörung der Identität zuerst wahr. Ein Mangel an stabiler Identität hinterlässt ein quälendes Gefühl von Unruhe, von Unausgefülltsein, von innerer Leere. Nichts in sich zu fühlen kann ein schreckliches

Gefühl sein. Manche ältere Kinder und Jugendliche vermeiden diese Erfahrung, indem sie vermehrt solchen Aktivitäten nachgehen, die ihnen ein Gefühl von Lebendig-Sein vermitteln und dazu in der Lage sind, die Impulse der Niedergeschlagenheit und Leblosigkeit aufzulösen. Intensive körperliche Erfahrungen reißen das Bewusstsein aus seiner Lethargie, übermitteln ihm die Botschaft dass er – vermeintlich – noch am Leben ist. Wie bei allem, was der Mensch tut, sucht er auch hier wieder nach einer Ordnung, nach irgendeiner Form, die ihm eine gewisse Orientierung zu geben verspricht. Und er findet sie dort, wo sie sich ganz konkret in der körperlichen Erregung äußert, die er als Lebendig-Sein interpretiert.

Dafür ist jedoch eine Erhöhung des körperlichen Erregungsniveaus nötig. Denn das gewohnheitsmäßige Spüren des eigenen Körpers wird nur noch unterschwellig wahrgenommen und reicht nicht aus, um die nötige Spannung zu erzeugen, die das Bewusstsein voll beschäftigt und ausfüllt. Die Möglichkeiten, diese Spannung zu erzeugen, sind äußerst vielfältig. Fernsehen ist nur eine Form davon. Wenn man Kinder und Jugendliche beobachtet, die wie hypnotisiert auf den Bildschirm starren und die Welt um sich herum vergessen haben, dann hat man einen Eindruck davon, wie groß die Macht solcher Ablenkungsinstrumente ist. Nicht anders ist es mit Computerspielen und ähnlichen Spielformen. Auch sie erzeugen eine innere Spannung, die zur Erhöhung des Erregungsniveaus führt. Adrenalinstöße fahren durch den Körper, aktivieren ihn. Und erst, wenn wieder ein Gegner im Spiel zerstört oder eine neue Spielebene erreicht ist, setzt die wohltuende Entspannung ein, die aber schon bald einer neuen angestrebten Anspannung weichen muss.

Aber auch das mehr oder weniger exzessive Treiben von Sport, das dem Körper über die Produktion der körpereigenen Opiate Lustgefühle vermitteln kann, gehört in diese Kategorie. Zusätzlich spielt hier das besonders intensive Spüren des Körpers – etwa im Wahrnehmen des Herzschlages oder wie die Luft durch die Lungen gepumpt wird oder der gesamten Anspannung des Körpers – eine wesentliche Rolle. Das Leben zeigt sich pur, in seiner nackten, ungeschminkten Ursprünglichkeit. Bunjee-jumping, freeclimbing und andere Extremsportarten erfüllen den gleichen Zweck. Extremer Sex wie Sado-Maso-Praktiken sind eine weitere Variante im Zirkus des body-feeling. Auch Kaufrausch und Arbeitssucht gehören dazu wie alle anderen Kicks und Thrills.

Allen diesen Formen, die zu einer Steigerung der körperlichen Erregung beitragen, ist zweierlei gemeinsam:

Zum einen haben sie einen **hohen Ablenkungswert**. Die Beschäftigung mit der jeweiligen Ablenkung erfordert eine hohe Aufmerksamkeit. Es ist wie ein Bann, in den man gezogen wird und weitestgehend alles um sich herum vergisst, was nicht mit der momentanen Tätigkeit zu tun hat. Es gibt in diesen Augenblicken keinen Zweifel, keine anderen störenden Gedanken. Man ist ganz auf sein »Ziel« konzentriert und »frei« von seinen Sorgen und Problemen. Was immer einen am Leben auch stören mag, was einen unzufrieden und leer machen mag, auf dem Höhepunkt der Erregung ist dies alles Makulatur.

Doch sobald die Momente der Erregung vorbei sind, die darauf folgende körperliche Entspannungsphase ihren Zweck erfüllt hat, sickert das bislang Ausgeblendete wieder langsam in das alltägliche Empfinden mit ein. Dies müssen nicht zwangsläufig belastende Gedanken sein, sondern es kann sich einfach nur um das bohrende Grundgefühl innerer Unruhe, Leere und Sinnlosigkeit handeln. Dieser Umstand führt fast zwangsläufig zum zweiten Punkt: die Suche nach sich wiederholenden oder **neuen Reizen**, die die einmal erlebte Erregungssteigerung auch für die Zukunft garantiert. Somit ist der Körper endgültig zum Maßstab für das Sich-lebendig-Fühlen geworden. Die Rastlosigkeit des Ich besteht nun darin, eine Erregungssteigerung nach der anderen zu produzieren, um sich am Leben zu fühlen. Das heißt: so oft wie nur eben möglich die dafür notwendigen Bedingungen immer wieder herzustellen.

Der Gewöhnungseffekt, der sich mit der Zeit einstellt, führt schließlich dazu, dass die alte Erregungsintensität nicht mehr ausreicht, um sich körperlich wohl zu fühlen. Die Erlebnisse müssen noch intensiver werden, d.h. noch spannendere Filme und Computerspiele, noch stärkere Kicks und Thrills, noch größere sportliche Anforderungen. Aber nicht nur in diesen Bereichen gibt es die Spirale der fortschreitenden Erlebnissteigerung, auch in der Erlebnissucht kommt sie zum Ausdruck. Sie zeigt sich insbesondere bei Jugendlichen, die in ihrer Gier nach immer neuen Erlebnissen nicht mehr zur Ruhe kommen. Die Sucht nach neuen Höhepunkten, die ihre Sinne befriedigen, macht sie zu unermüdlichen Jägern nach neuen Reizen.

Derartige Heranwachsende wirken getrieben, immer auf dem Sprung. Sie können nichts in Ruhe genießen. Sie wollen »ständig« etwas erleben und haben Angst, dass sie etwas verpassen, wenn sie z.B. sich auf *einen* Liebespartner beziehen oder sich für *einen* Fernsehkanal entscheiden oder für *eine* Fete. Alles erscheint ihnen interessant, und sie wollen am liebsten alles und sofort. Je mehr sie ihre Erregung stillen können, umso abhängiger werden sie von ihren körperlichen Impulsen. Ganze Industrien leben davon, Glücksgefühle zu verkaufen.

Wer die Empfindungen des Körpers als Maßstab für sein Lebendig-Sein sieht, sucht unentwegt den Rausch der Sinne und kennt dabei keine Pausen. Wie bei allen Abhängigkeitserkrankungen – ob Alkoholismus oder Kaufsucht – ist man darauf angewiesen, die jeweilige Dosis zu erhalten oder zu erhöhen. Die Sucht nach der Befriedigung der Sinne ersetzt die Suche nach dem persönlichen Sinn des Lebens. Die Folge ist die Rastlosigkeit derjenigen, die nicht mehr dazu in der Lage sind, Zufriedenheit und Ausgeglichenheit auch ohne ihre jeweilige Droge zu erreichen, und ihr deshalb ständig hinterherjagen.

Sehen wir dieses Verhalten unter dem Aspekt der Ablenkung, so beginnt es schon bei den kleinen Alltäglichkeiten wie beispielsweise in der ständigen Berieselung mit Musik oder den Bildern und Stimmen aus dem ununterbrochen laufenden Fernsehgerät. Es verleiht einem das beruhigende Gefühl, nicht alleine zu sein. Es überspielt die innere Leere.

Kinder und Jugendliche mit einer instabilen Identität benötigen zunehmend das Narkotikum der ständigen Ablenkung, die Konzentration auf das Einzige, was ihnen noch bleibt: die Empfindungen ihres Körpers. Ein Gefühl mag mehr als tausend Worte sagen. Aber es zum Maßstab des Lebens zu machen bedeutet, die Suche nach der elementaren und unmittelbaren Erfahrung im Körperlichen dem langwierigen Suchen im Geistigen nach eigenen Zielen, Einstellungen und Werten vorzuziehen. Wenn man keine andere Möglichkeit hat, sein Bedürfnis nach Orientierung zu stillen, ist dies – zugegeben – der kürzeste Weg, um eine Ordnung in sich zu schaffen. Ein Weg allerdings, der einem außer der körperlichen Erregung nicht viel über das eigene

Ich mitteilt. Dies ist von der Konsumindustrie auch nicht gewollt, denn ihr erklärtes Ziel ist es, die Menschen dahingehend zu manipulieren, wie ein Abhängiger die sofortige Befriedigung der eigenen Bedürfnisse anzustreben, und dies heißt: kaufen, kaufen, kaufen.

Kinder, Jugendliche und Erwachsene verlieren so die Fähigkeit bzw. gewinnen sie erst überhaupt nicht, in sich hineinzuhorchen, bei Gedanken und Gefühlen für eine längere Zeit zu verweilen, sie in Ruhe und mit Konzentration anzuschauen, sie zu reflektieren und sie immer wieder neu den Erfordernissen kreativ anzupassen. Das bloße Spüren des Körpers, indem man ihn in Erregung versetzt, ist noch nicht das Leben, mag man sich auch noch so lebendig dabei vorkommen. Fehlt diese notwendige Innenbeschau, führt es neben der Namenlosigkeit, der Orientierungslosigkeit und der Rastlosigkeit des Ich zur Willenlosigkeit des Ich.

Die Willenlosigkeit des Ich
Wie ein Blatt im Wind!

»Bleib!« sprach die Verführung, als sie sah, dass der Mensch ihr Haus verlassen wollte.
»Warum willst du mich verlassen? Glaubst du im Ernst, dass es dir ohne mich besser ergehen wird? Wenn du mein Haus verlässt, erwartet dich die Qual der Mühsal. Wohin du auch blicken wirst, überall wirst du im Schweiße deines Angesichts dazu verurteilt sein, dich zu mühen und dich anzustrengen. Bedenke all die Schritte, die du tun, die Wege, die du gehen müsstest. Ich hingegen nehme dir alle deine Entscheidungen ab. Ich umsorge dich, gebe dir alle Nahrung, derer du bedürftig bist. Ich gebe dir Trost in deiner Langeweile und lenke dich ab, wenn das Leben beginnt, dich anzuwidern. Ich erspare dir die Stille und umhülle dich mit dem Genuss des Lärms, der deine Ohren erfreut. Ich gebe dir Bilder, die deine Augen in Entzücken versetzen, und jede Erregung, die deine Sinne mit Wohltaten benetzt. Nie hast du dich über mich beklagen können. Was habe ich nicht alles

für dich getan. Unermüdlich habe ich deine Bedürfnisse und Wünsche erforscht und befriedigt, wo ich es nur konnte. Sei nicht undankbar dem gegenüber, der dir seine Existenz verschrieben hat. Wenn du dieses Haus verlässt, wirst du auf dich selbst zurückgeworfen sein. Die Langeweile wird deine Seele verzehren. Die unerträgliche Stille, der du ausgesetzt sein wirst, wird dich vor Schmerzen schreien lassen. Und die Banalität dessen, was du siehst, wird für dich unerträglich sein. Bleibe bei mir, mein Freund und genieße dein Leben. Wirf es nicht weg zugunsten einer zweifelhaften Freiheit!«

Doch der Mensch ließ sich nicht beirren. Er kehrte der Verführung den Rücken und verließ entschlossen das Haus.

Lächelnd sah die Verführung dem Menschen hinterher, wie er ihr Haus verließ, die Straße überquerte und in dem Haus ihrer Schwester verschwand.

*

Der Wille ist wie ein Muskel, der trainiert werden muss, soll er seine volle Funktionsfähigkeit entwickeln. Er beinhaltet die bewusste Lenkung des Denkens, Fühlens und Handelns in solchen Situationen, in denen es darauf ankommt, sich konsequent auf ein Ziel zu konzentrieren und sich ihm systematisch anzunähern. Um diese Fähigkeit zu entwickeln bedarf es einer aus dem Inneren kommenden Motivation, einem Grund für dieses Tun. Damit ein Mensch auf die momentane Befriedigung seiner Bedürfnisse verzichtet, muss das Ziel erstrebenswert sein. Dafür benötigt er ein Kriterium. Die Entscheidung, was ein erstrebenswertes und lohnenswertes Ziel ist, trifft zunächst der Körper. Das erste Kriterium, an das sich der Mensch orientiert, besteht aus zwei entgegengesetzten und doch auch miteinander verbundenen Empfindungen. Sie lassen sich in angenehme und unangenehme bzw. in Lust- und Unlustempfindungen unterteilen. Ein Säugling startet mit ihnen ins Leben. Sein Streben ist natürlicherweise darauf ausgerichtet, seine Lust zu maximieren und seine Unlust zu minimieren. Das ist sein Ziel, die Motivation seines Tuns.

Aber Lust und Unlust sind nur ein Übergangskriterium bei der Beurteilung von Zielen. Das Spielzeug, die Süßigkeit, das Fernsehen, das ungehinderte und zeitlich ungebundene Spiel und andere Aktivitäten bedeuten für das Kind zunächst die Abwesenheit von Unlust und die Anwesenheit von Zufriedenheit und Lust. Aus der Sicht des Kindes zeigen ihm seine Lustempfindungen, was es will und dass es die richtigen Ziele verfolgt.

Eine Entwicklungsaufgabe für das Kind ist es, das eigene Denken, Fühlen und Handeln nicht nur den körperlichen Impulsen von Lust und Unlust unterzuordnen. Mit fortschreitendem Alter geht es nun vermehrt darum, die Impulse des natürlichen Willens zu kontrollieren oder, mit anderen Worten, sich nicht von ihnen beherrschen zu lassen. Dieser differenzierte Wille bedeutet, dass ein Individuum dazu in der Lage ist, seine Unlust zu ertragen, sie unter Umständen sogar zu überwinden und sie möglicherweise in »Lustempfindungen« zu überführen. Es mag einerseits zeitaufwändig und andererseits langweilig sein, beispielsweise immer wieder die gleichen körperlichen Bewegungen beim Sport auszuführen oder bei geistigen Aufgaben allgemeine und spezielle Fähigkeiten über ständige Wiederholungen zu trainieren. Aber aus dieser intensiven Beschäftigung kann sich die Freude am eigenen Können und die positive Erfahrung der Leistungssteigerung entwickeln, die wiederum Motivation für weitere Anstrengungen sein kann.

Wille bezieht sich deshalb auch auf Durchhaltevermögen und die Fähigkeit, sich selbst zu disziplinieren oder zu kontrollieren. Der Begriff Disziplin hat in diesem Zusammenhang einen eher negativen Beigeschmack. Er weckt Erinnerungen an noch nicht allzu ferne Zeiten, wo

Menschen dazu aufgerufen und verpflichtet waren, ihre Bedürfnisse und Wünsche zugunsten ihrer Arbeit und ihres physischen Überlebens weitestgehend zu unterdrücken. Der Verzicht auf Genuss und Spaß stellte einen Wert in sich dar. Derart könnte man grob die Arbeitsethik der letzten Jahrhunderte für einen Großteil der Menschheit beschreiben. So war beispielsweise die Nachkriegsgeneration in Deutschland in besonderem Maße ein durch Genuss- und Spaßverzicht und extremen Aufbauwillen geprägtes Volk. Disziplin stand an oberster Stelle. Ganz abgesehen davon, dass es eine andere Möglichkeit, als über eine strenge Selbstdisziplin seinen Lebensunterhalt zu sichern, für die meisten in dieser Zeit nicht gab.

Im Laufe der Jahre kristallisierte sich dann eine Situation heraus, die es den Menschen in Westdeutschland erlaubte, mehr für ihr Wohlbefinden zu tun. Der Wunsch vieler Eltern, dass die eigenen Kinder »es einmal besser haben sollten«, führte im Allgemeinen dazu, ihnen keine Selbstdisziplin mehr aufzuerlegen. Menschen neigen allerdings häufig dazu, von einem Extrem ins andere zu fallen. Als Folge übermäßiger Verwöhnung und der einseitigen Konzentration auf momentane Bedürfnisbefriedigungen – die nicht zuletzt durch die Konsumindustrie intensiv gestützt wurde und wird – ist das Kriterium der Befriedigung von Lust häufig das vorwiegende Ziel für eine Reihe von Kindern und Jugendlichen geworden. Das heute vielerorts beklagte Problem mangelnder Konzentrationsfähigkeit ist – wenn es sich auf die erhöhte Ablenkbarkeit von Anforderungen und Aufgaben bezieht – ein typisches Problem einer mit visuellen und akustischen Reizen überversorgten Gesellschaft.

Solchen Kindern und Jugendlichen kann zwar ein differenzierter Wille, wie er hier beschrieben wird, abgesprochen werden, nicht jedoch ihr natürlicher und dabei oftmals sehr starker Wille. Denn sie sind durchaus in der Lage, ihre Bedürfnisse optimal zu befriedigen. So setzen sie ihre ganze Energie ein, sich gegenüber ihren Eltern durchzusetzen und Unlusterfahrungen zu vermeiden. Immer öfter ist von Eltern zu hören, dass sich Aussagen ihrer Kinder wie »Ich habe keine Lust!« sich vermehrt oder sogar ausschließlich auf solche Tätigkeiten beziehen, die ein gewisses Maß an Anstrengung, Disziplin und Konzentration verlangen. Diese Tätigkeiten beziehen sich u.a. auf die Erledigung schulischer Hausaufgaben, der regelmäßigen Übernahme von häuslichen Pflichten, dem allgemeinen Aufschub von Bedürfnisbefriedigung, um ein längerfristiges Ziel zu erreichen.

Ein solcher einseitig ausgeprägter Wille vieler Kinder und Jugendlicher scheint sich eher darauf zu konzentrieren, möglichst vielen Anstrengungen aus dem Weg zu gehen und statt dessen nur noch das zu tun, was Spaß bereitet und zu keiner Verpflichtung führt. Nur was Spaß macht, scheint einen Wert zu haben, alles andere ist zu vernachlässigen. Willenlosigkeit soll deshalb hier nicht als die prinzipielle Unfähigkeit eines Kinder verstanden werden, seinen Willen zu entwickeln, ihn zu gebrauchen und durchzusetzen. Willenlosigkeit bezieht sich vielmehr auf die Unfähigkeit, die Impulse von Lust und Unlust zu kontrollieren und sich nicht ständig von ihnen beeinflussen zu lassen.

Ohne die Fähigkeit, seine Unlust zu ertragen und sie ggf. zu überwinden, ist eine Entwicklung der Identität nicht möglich. Denn erst in der Konfrontation mit Unlust erzeugenden Tätigkeiten erfährt ein Kind, ein Jugendlicher und auch ein Erwachsener etwas über sich selbst. Wie lange kann ich meiner Unlust bei einer Aufgabe oder Anforderung nicht nachgeben? Mache ich die Erfahrung, dass durch das Aushalten der Unlust plötzlich eine Veränderung in meiner Einstellung dazu geschieht? Kann ich Unlust überwinden und Spaß an »langweiligen« Wiederholungen finden? Fühle ich mich stolz, dass ich nach einer unliebsamen und lustarmen Tätigkeit etwas erreicht habe? Gibt mir dieser Stolz eine neue Motivation, ein neues Wissen davon, dass ich bei meiner nächsten Aktion es ebenso gut oder sogar noch besser machen werde? Erlebe ich den Fortschritt in meinen Handlungen, meinen Gedanken, die mir zeigen, dass sich die Anstrengung gelohnt hat?

Alle diese die eigene Person reflektierenden Fragen geben ihr Auskunft über den Stand der eigenen Entwicklung. Sie machen das eigene Ich einschätzbar und klären das Verhältnis zu sich selbst. Erfolgt dies nicht, wird das eigene Ich als ein unbekanntes Land erlebt. Willenlosigkeit als eine Form der Identitätslosigkeit ist ein Zustand innerer Leere, die die davon betroffene Person zu kaum einer Aktion befähigt, die mehr von ihr verlangt, als ihre Lustbedürfnisse befriedigen zu können.

Es ist den Kindern – und eingeschränkt auch den älteren Kindern und Jugendlichen – kein Vorwurf daraus zu machen. Sie reagieren nur auf die unzähligen Angebote der Freizeitindustrie, die unendlichen Spaß suggerieren. Alles scheint ohne Anstrengung möglich zu sein. Selbst die Banken suggerieren ihren jüngsten Kunden, dass sie Geld nur von ihrem Konto abzuheben brauchen, um sich ihre Wünsche zu erfüllen.

Eltern, Erziehern und Lehrern kommt u.a. die Aufgabe zu, die Bildung eines differenzierteren Willens bei den Kindern vermehrt zu unterstützen. Sie sind es, die unterschiedliche Anforderungen und Aufgaben an sie stellen und somit die Willensbildung mit beeinflussen können. Ein differenzierter Wille kann unter dem starken Einfluss der Konsumgesellschaft ohne tatkräftige Unterstützung kaum ausreichend trainiert werden. Er muss verkümmern angesichts der Passivität, die die Konsumgesellschaft einfordert. Die vielfältigen und schillernden Angebote der Freizeit- und Konsumindustrie erleichtern es, den Willen lediglich dafür zu benutzen, sich von dieser Industrie bedienen zu lassen. Es ist allemal einfacher, etwa eine Liebesgeschichte im Fernsehen zu verfolgen, anstatt sie selbst zu erleben, oder ein »Kampfsportmeister« in einem Playstation-Spiel zu sein, als selbst mühevoll den eigenen Körper zu trainieren.

Die Konsumindustrie braucht nicht den differenziert denkenden, mündigen, kreativen und identitätsstarken Konsumenten. Sie braucht das willenlose Geschöpf, das sich dem Diktat der Angebote beugt. Trends sind von der Werbung gesteuerte Prozesse, denen sich Individuen hingeben in dem Glauben, sie würden entscheiden, was sie wollen. Die Wahl zwischen diversen Zahnpastasorten, Computerspielen, Fernsehprogrammen, Kleidungsstilen ist keine wirkliche Wahl. Es ist die »Wahl« zwischen vorgefertigten Mustern und Schablonen, die wir per Knopfdruck abrufen, und künstlich erzeugten Bedürfnissen.

Ein Wille braucht ein Ziel, auf das er sich richten kann, um ihn zu einem Sinn, bestenfalls zu einem Lebenssinn zu machen. Aber die Spaß- und Lustkultur unserer Konsumgesellschaft kennt keinen tieferen Sinn und kein tieferes Ziel. Es bleibt bei der puren Lustbefriedigung. Das Kaufen oder allgemein das Konsumieren ist das Ziel. Der Konsum jedoch tötet die Identität, denn er tötet die Individualität. Zwar suggeriert die Konsumindustrie, die Individualität des Einzelnen zu unterstreichen, doch in Wahrheit macht sie sie gleich mit den vielen anderen. Denn alle kaufen. Alle haben das gleiche Ziel, den gleichen Weg, wenn auch nicht die gleichen finanziellen Möglichkeiten. Ein anonymer Gemeinschaftsgeist entsteht, man versteht sich unausgesprochen. Die Individualität zeigt sich lediglich im Umfang der Geldbörse, nicht jedoch im Einkaufswunsch. Die gegenseitige Orientierung am prinzipiellen Einkaufsverhalten des anderen ist darüber hinaus ein Beweis für die Richtigkeit des eigenen Tuns, nämlich, sich der Lustbefriedigung widerstandslos zu ergeben.

Die Frage nach dem Sinn des eigenen Lebens zu stellen, nach den Zielen des Denkens und Handelns, ist meist nur ein Durchgangsstadium für große Teile der heranwachsenden Generation. Die Angst vor der Zukunft – beruflich wie privat – tötet die Fragestellung schnell ab und lässt die Betroffenen in die weit geöffneten Arme der Konsumindustrie fallen. Darüber hinaus wimmelt es in unseren pluralistischen Gesellschaften von Sinnangeboten, die durch ihr quantitatives Überangebot zu einer Desorientierung und damit zu einer Entscheidungsunfähigkeit führen.

In einer Welt, die immer freier wird, werden wir immer weniger frei. Dies fördert und unterstützt den Prozess der Willenlosigkeit. Die Frage nach Sinn oder nach Zielen wird eher verdrängt. Was dann bleibt ist nicht die quälende Frage »Was ist sinnvoll?«, sondern die quälende Frage »Wie fülle ich die Leere in mir aus?«, und man greift schließlich auf das zurück, was man kennt: den Konsum, das Fernsehen, den gnadenlosen Spaß. Der Mangel an Phantasie verhindert hierbei die Möglichkeit, sich Alternativen zum bisherigen Denken und Verhalten so konkret vorzustellen, dass sie als Antrieb für eine Veränderung eingesetzt werden könnten. Der Kreis hat sich geschlossen. Die Spirale der Willenlosigkeit hat sich weiter gedreht.

Die Hilflosigkeit des Ich
Ein Männlein steht im Walde ganz still und stumm!

Einst ritt ein reicher Kaufmann durch einen großen dunklen Wald. Auf seinem weißen Pferd mit dem edlen Pferdegeschirr sah er in seinem kostbaren Gewand gar prächtig aus. Der Kaufmann galoppierte so dahin, als sein Pferd plötzlich vor einer alten gebeugten Gestalt scheute.

»Aus dem Weg, du alte Hexe!« brüllte sie der Kaufmann zornig an und drohte ihr wütend mit seiner Reitpeitsche.

»Du wirst mich doch wohl nicht schlagen wollen?« fragte ihn mit zitternder Stimme die alte Frau und brach in Tränen aus.

»Gehe mir sofort aus dem Weg!« schrie der Kaufmann und versetzte ihr mit seiner Peitsche einen Hieb.

Da lachte die alte Frau wild auf, hob ihren Stock und der Kaufmann stürzte wie vom Blitz getroffen bewusstlos vom Pferd. Als er wieder zu sich kam, befand er sich in der Hütte der alten Frau. Er wollte aufspringen und davonlaufen, doch er bemerkte, dass er mit Händen und Füßen an den Boden gekettet war.

»Lass mich frei!« bat er die Gestalt, die vor ihm an einem Feuer hockte und ihn anstarrte. Er entschuldigte sich für sein Verhalten und versprach ihr Gold in Hülle und Fülle.

»Ich lasse dich frei!« versprach ihm die Frau. »Aber nur unter einer Bedingung! Einer deiner Söhne muss dich in diesem Wald finden. Findet er dich nicht, dann wirst du mir zehn Jahre dienen, mir mein Essen kochen und die Hütte sauberhalten! Weigerst du dich, wirst du für alle Zeiten hier angekettet bleiben!«

Und der reiche Kaufmann gab ihr sein Versprechen, ihr zehn Jahre lang freiwillig zu dienen, wenn seine Söhne ihn nicht finden würden.

»Gib mir eine Nachricht für deinen ältesten Sohn. Er soll mit der Suche beginnen!« befahl ihm die alte Frau.

Als der älteste Sohn des Kaufmanns von dem Missgeschick seines Vaters erfuhr, machte er sich sofort auf, ihn zu suchen. Vor dem Wald traf der Kaufmannssohn auf die alte Frau, die ihn schon erwartet hatte.

»Dein Vater befindet sich in diesem Wald in einer Hütte. Finde ihn, und er ist frei!«

Der ältestes Sohn des Kaufmanns trieb sein Pferd an und ritt durch den Wald. Nachdem er mehrere Tage den Wald nach der Hütte und seinem Vater abgesucht hatte, kehrte er verzweifelt und mutlos nach Hause zurück und gestand seinen Brüdern, dass er seinen Vater nicht gefunden hatte. Da warf sich der zweitälteste Sohn auf sein Pferd. Wie zuvor seinen Bruder erwartete ihn bereits die alte Frau.

»Dein Vater befindet sich in diesem Wald in einer Hütte. Finde ihn, und er ist frei!«

Ein halbes Jahr lang durchsuchte der Sohn des Kaufmanns Tag für Tag und Nacht für Nacht den Wald. Doch seinen Vater fand er nicht. Schließlich hielt er vor einem großen schmucken Haus, vor dem ihm ein junges hübsches Mädchen mit einem lieblichen Lächeln empfing. Sofort verliebte er sich in das Mädchen und machte ihr den Hof. Das Mädchen bat ihn zu bleiben und sie zur Frau zu nehmen und führte ihn durch die schönen Räume des Hauses, in denen die Schränke und Regale vor Gold und Geschmeide nur so überquollen. Vom Liebreiz des Mädchens und vom Anblick des Goldes betört versprach der Kaufmannssohn, bei ihr zu bleiben. Er heiratete sie und zeugte alsbald mit ihr einen Sohn.

Eines Tages ritt ein zerlumpter Fremder auf den Hof, in dem der Kaufmannssohn seinen jüngsten Bruder erkannte. Er hieß ihn willkommen und lud ihn ein, bei ihm zu verweilen.

Doch der jüngste Sohn wollte nur ein wenig ausruhen und dann die Suche nach seinem Vater fortsetzen. Er machte seinem älteren Bruder Vorwürfe, dass er die Suche nach seinem Vater abgebrochen hatte, und forderte ihn auf, mit ihm die Suche wieder aufzunehmen. Sein älterer Bruder erklärte ihm jedoch, dass er in diesem Haus eine neue Heimat gefunden habe und dass die jüngste Schwester seiner Frau noch unverheiratet sei. Die war sehr schön und gefiel dem jüngsten Sohn des Kaufmanns außerordentlich, aber er dachte an seinem Vater und wollte nicht bleiben.

»Ach lass doch die Suche sein!« versuchte ihn sein Bruder zum Bleiben zu überreden. »Ein halbes Jahr lang habe ich den ganzen Wald durchsucht und unseren Vater nicht gefunden. Er wird in der Zwischenzeit gestorben sein, und ich weiß auch nicht mehr, wo ich ihn noch suchen soll. Gib auf, und bleibe bei mir. Heirate und lasse uns ein glückliches Leben führen!«

Sein jüngerer Bruder indes ließ sich nicht beirren, bedankte sich artig für Speis und Trank und machte sich wieder auf die Suche nach seinem Vater. Monat für Monat ritt er durch den Wald, bei größter Hitze und Kälte. Oft dachte er an zu Hause, an seine liebe Mutter, an den warmen Herd im elterlichen Haus, das gute Essen und an seine Brüder. Aber sooft er auch versucht war, sein Pferd zu wenden, ließ er es doch bleiben.

Eines Abends, als es besonders bitterkalt war, sah er in der Ferne ein Licht. In der Hoffnung, für eine Nacht ein Dach über dem Kopf zu haben und ein gutes Essen zu bekommen, ritt er auf das Licht zu. Es war eine Hütte mitten im Wald. Als er durch die Tür trat, sah er sofort seinen Vater, angekettet am Boden, in zerlumpten Kleidern und mit zotteligem Haar. Weinend fiel er seinem Vater um den Hals und befreite ihn von seinen Fesseln. Mehr als ein Jahr lang hatte er seinen Vater gesucht und ihn endlich gefunden. Die Nacht über blieben Vater und Sohn in der Hütte, und am nächsten Tag bestiegen sie gemeinsam das Pferd des Sohnes und ritten nach Hause.

*

Den Verlauf des eigenen Lebens nicht in wesentlichen Teilen beeinflussen zu können führt zu dem Gefühl der Ohnmacht bzw. der Hilflosigkeit und endet nicht selten damit, vor dem Leben selbst zu resignieren. Die Erfahrung der eigenen Unzulänglichkeit, dass alle Anstrengungen und Bemühungen zu nichts weiter führten, außer zu Niederlagen, ist niederschmetternd. Natürlich ist das Leben keines Menschen auf Dauer vor Niederlagen und Rückschlägen gefeit. Doch dort, wo im Großen und Ganzen das eigene Leben als selbstbestimmt erfahren wird, entsteht Hilflosigkeit nur als ein vorübergehendes Gefühl. Die Fähigkeit, das eigene Verhalten beeinflussen, auf das Verhalten anderer Menschen einwirken und auf Ereignisse erfolgreich reagieren zu können, erzeugt in uns das, was wir Selbstbewusstsein und Selbstvertrauen nennen. Ohne diese Fähigkeiten erleben Menschen die sie umgebende Welt als eine Ansammlung von kaum zu überwindenden Hindernissen.

Kein Mensch kommt als Verlierer oder Versager zur Welt, sondern er muss die entsprechenden Erfahrungen machen, um als ein solcher zu enden. Ein jedes Kind ist zunächst Entdecker und Eroberer der Welt. Es geht aktiv auf sie zu und versucht, sie für sich greifbar und handhabbar zu machen. Je mehr es sich zutraut, umso stärker ist sein Selbstvertrauen, die neue Hürde im Leben zu überwinden: das erste Mal für ein paar Stunden allein in der elterlichen Wohnung zu sein, alleine zur Schule zu gehen, eine ganze Nacht alleine zu Hause zu verbringen, alleine mit anderen Kindern in eine Ferienfreizeit zu fahren ...

Aber es kommt der Tag, da reichen diese Erfahrungen nicht mehr aus. Mit der Zeit werden die Herausforderungen größer und komplexer, die Lebensprobleme und Schwierigkeiten gewinnen an Dringlichkeit. Heranwachsende erleben die Welt oft als zunehmend unbeeinflussbar und übermächtig. Sie verstehen die Welt nicht mehr. Das Bewusstsein, das aus dieser Erkenntnis erwachsen kann, ist die von der eigenen Schwäche und Hilflosigkeit. Sie sehen ihre Einflussmöglichkeiten als minimal an. Die eigene Unzulänglichkeit zu spüren ist schmerzhaft, wenn man durch das Fernsehen die Illusion vorgegaukelt bekommt, dass Erfolg und Problemlösungen sich innerhalb von einer halben oder dreiviertel Stunde einstellen.

Man muss schon eine Menge aushalten und geistig bewältigen können, wenn man in dieser komplexen Welt auch nur im Ansatz erfolgreich sein will. Und genau hier liegt das Problem. Ohne ein gehöriges Maß an Frustrationstoleranz gibt es keinen Weg, der einen zum Umgang mit auftretenden Problemen und Schwierigkeiten befähigt. Ohne sie gibt es nur eine Resignation auf Raten, die sich schließlich in den bereits bekannten Fluchtwegen vor der Unerträglichkeit der Welt zeigen wird. Selbst für Kinder und Jugendliche, die eine relativ stabile Identität entwickeln bzw. bereits entwickelt haben, ist es nicht leicht, in unserer heutigen Zeit mit den auf sie zukommenden Lebensproblemen angemessen umzugehen. Dies liegt allerdings nicht in ihrer alleinigen Verantwortung oder in der ihrer Eltern. Ihnen müssen Möglichkeiten vermittelt werden, auf die Komplexität und Orientierungslosigkeit unserer Gesellschaft angemessen zu reagieren, wie dies im fünften Kapitel dieses Buches noch näher ausgeführt wird.

Es gibt kaum ein schlimmeres Gefühl, als sich hilflos zu fühlen – für Kinder und Jugendliche noch weit mehr als für Erwachsene. Hinter der Hilflosigkeit gibt es nichts mehr, was die Identitätslosigkeit noch weiter verschlimmern könnte. In der Flucht vor der Unerträglichkeit der Welt gipfelt die Entwicklung, die ihren Anfang im Fehlen eines inneren Bezugsrahmens nahm und in der Resignation vor dem eigenen Leben ihr Ende findet.

Das Erleben von Hilflosigkeit wird häufig noch dadurch gestützt, dass Kinder in dem Bewusstsein erzogen werden, dass sie sich selbst nicht anzustrengen brauchen, da ihre Eltern ihnen jede Mühe abnehmen. So lernen sie nicht, Abweisungen und Forderungen durch Dritte zu ertragen, die sie nicht in dem Gefühl ihrer eingebildeten Großartigkeit unterstützen. Der Schock sitzt tief, wenn sie die für sie bittere Erfahrung machen müssen, dass die Welt sich ihnen widersetzt und sie mit den Methoden, die sie im Elternhaus noch erfolgreich anwandten, keinen Erfolg haben.

Wessen Identität instabil ist, wird sich so bereits beim Auftreten kleinerer Schwierigkeiten als hilflos empfinden. Dieser Mensch kann nicht auf die nötigen Basisfähigkeiten zurückgreifen, die ihm erst die Möglichkeit bieten, nicht an seinen Problemen zu scheitern. Sich nicht hilflos zu fühlen bedeutet zum einen, das Vertrauen in sich nicht zu verlieren, selbst dann, wenn die äußeren Umstände gegen einen sprechen, und zum anderen, die damit einhergehenden Frustrationen zu ertragen. Mag dies für die älteren Generationen im Großen und Ganzen noch mehr oder weniger selbstverständlich sein, für die jüngeren Generationen ist es das nicht. Denn insbesondere bei Kindern und Jugendlichen mit einer instabilen Identität ist das Erleben von Hilflosigkeit nicht das Ergebnis vorangehender vergeblicher Anstrengungen, sondern vielmehr bereits Einstieg und Beginn bei der Auseinandersetzung mit Schwierigkeiten. Es ist von Anfang an Programm.

Die Unfähigkeit, sich über einen längeren Zeitraum auf eine Tätigkeit zu konzentrieren, die eigenen Lust- und Unlustgefühle zu kontrollieren, den Gedanken eine stabile Ordnung zu geben, ist ein Garant für das Scheitern bei der Auseinandersetzung mit der Welt. Auf diese Weise kann kein Selbstvertrauen erwachsen. Diese fatale Ich-Schwächung manövriert Kinder in eine Lebenshaltung, in der es fast nur noch negative Ich-Erfahrungen gibt. Es fehlt ihnen das nötige Maß an Willen und Durchhaltevermögen, um nicht schon bei der ersten auftretenden Hürde aufzugeben. Das bedeutet nicht, dass diese Kinder und Jugendlichen mittels ihrer noch vorhandenen Möglichkeiten nicht versuchen, sich durchzusetzen und Erfolge zu sammeln. Aber sie machen weit häufiger die Erfahrung, dass die Widerstände und Grenzen, die ihnen durch Personen und Situationen gegenübertreten, aus ihrer Sicht stärker sind, so dass sie umso schneller resignieren.

Wie auch bei den anderen verlorenen Gesichtern der Identität ist der Rückgriff auf die Basisfähigkeiten die entscheidende Komponente beim Umgang mit Schwierigkeiten und Krisensituationen. Den Mut nicht zu verlieren gehört sicherlich zu den am schwersten zu verwirklichenden Fähigkeiten. Ihn zu verlieren bedeutet jedoch, alles zu verlieren. Es bleibt dann nur der Weg, vor der Unerträglichkeit der Welt in die Welt der Ablenkung zu fliehen.

So ist es kein Wunder, dass Heranwachsende sich bemühen, sich einen wirkungsvollen Ausgleich zu ihren Hilflosigkeitserfahrungen zu verschaffen. Noch vor der Identifikation mit den Fernseh- und Spielfilmhelden, die letztlich über alle Widerstände hinweg siegen, ist es der Computer und das Videospiel, die einem ein Höchstmaß an Kontrolle zu bieten vermögen. Über die Beherrschung der Computertastatur und des jeweiligen Spiels entwickelt sich das Gefühl, endlich etwas gefunden zu haben, das sich dem eigenen Willen nicht entzieht. Hilflosigkeit wird hier bei der jüngeren Generationen nicht aufkommen. Sie erleben konkret – körperlich und geistig –, dass ihre Aktionen auf dem Bildschirm über die Tastatur Einfluss auf den Spielverlauf haben. Sie bewältigen ein Spielproblem, sie gelangen auf ein höheres Spielniveau, sie radieren Zombies und jedwede Gegner aus. Gibt es ein schöneres Gefühl, als etwas erreicht zu haben mit den eigenen Händen? Das stärkt ihr Selbstvertrauen. Wen erstaunt es, dass sie sich auf das jeweilige Terrain zurückziehen, das sie beherrschen, als sich dort (vergeblich) zu bewähren zu versuchen, wo sie schon jede Menge Hilflosigkeitserfahrungen gesammelt haben?

Und machen es Erwachsene etwa anders? Suchen sie nicht auch die Bereiche auf, in denen sie gute Leistungen erbringen können und Kontrolle haben? Menschen sind ständig auf der Suche nach der Erfahrung, dass sie mit ihrem Tun etwas bewirken, etwas beeinflussen können, und sie werden es vermeiden, sich solche Betätigungsfelder auszusuchen, die sie nicht oder nur in unzulänglicher Weise kontrollieren können. Das Spielen am Computer ist nur ein winziger Nebenschauplatz im Leben eines Menschen. Auf den Hauptschauplätzen muss er sich beweisen, sei es in der Gestaltung seiner unterschiedlichsten Beziehungen zu anderen, sei es in seinen Anstrengungen, eine gute Ausbildung zu erlangen, sei es im Beruf, sei es in der Entwicklung eines immer differenzierter werdenden Bewusstseins.

Doch diese Bereiche erscheinen vielen Kindern und Jugendlichen als zu beschwerlich, um sich ihnen mit der Intensität zu widmen, die nötig wäre. Die Welt erschreckt sie. Sie macht sie ohnmächtig, und sie fallen vor ihr in eine Art Totstellreflex. Sie bewegen sich nicht mehr. Sie bleiben stehen, still und stumm. Und um diesen alles andere als erträglichen Empfindungen zu entgehen, machen sie den Nebenschauplatz zum Hauptschauplatz. Es ist ihre Art, dem Leben einen »Sinn« zu geben und ihm ein Stück Kontrolle abzugewinnen. Mit dieser methodischen Prothese lösen sie jedoch keine Probleme, sondern schaffen sie erst. Das ist das Wesen der Hilflosigkeit, dass sie erst dann so richtig zu wirken beginnt, wenn man glaubt, ihr entkommen zu sein.

Die verlorenen Gesichter der Identität sind miteinander vernetzt. Es beginnt mit der Orientierungslosigkeit und Namenlosigkeit, führt zu Rast- und Willenlosigkeit und schließlich zur Hilflosigkeit des Ich. Und so führen sie in das Fehlen jeglicher Identität.

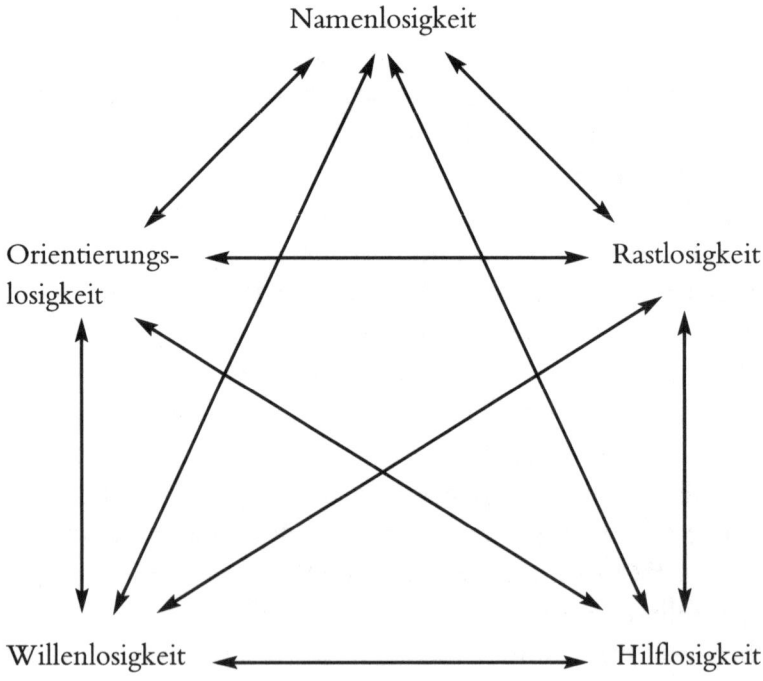

Namenlosigkeit

Orientierungs-
losigkeit

Rastlosigkeit

Willenlosigkeit

Hilflosigkeit

Die Situation ist verfahren, doch sie ist nicht hoffnungslos. Auch wenn von der Politik und den entsprechenden Gremien kaum Hilfe zu erwarten sein wird, haben Eltern die Möglichkeiten, den Identitätsabbau und -verfall ihrer Kinder zu verhindern bzw. aufzuhalten. Dies ist das Thema des nun folgenden Teils des Buches, der beschreibt und aufzeigt, was Eltern – und in einem gewissen Maß natürlich auch Erzieher und Lehrer – konkret tun können, um zu einer stabilen Identitätsentwicklung der jungen Generation beizutragen.

Teil II

21 Erziehungsstrategien für das 21. Jahrhundert

Kapitel 4
Die Erziehung zur Identität

Als der Lärm übermächtig wurde, suchte ich die Stille.
Als das Sehen mich blind machte, schloss ich die Augen.
Als das Chaos mich lähmte, erschuf ich mir Ordnung.
Als die Ordnung sich abnutzte, veränderte ich sie.

Die Möglichkeiten der Erziehung

Wer sich in unserer heutigen Zeit auf das schwierige und harte Geschäft der Erziehung einlässt, wird nur allzu schnell entmutigt. Denn es fehlen die allgemein verbindlichen Maßstäbe, die Eltern die dafür nötige Orientierung geben könnten. In einer pluralistischen Welt wird es sie auch nicht mehr geben. Jeder Einzelne ist dazu aufgerufen, sich seine eigenen Maßstäbe zu entwickeln und ihnen zu folgen, solange nicht neue persönliche Erkenntnisse und Erfahrungen den alten Maßstäben widersprechen. Die hier vorgestellten 21 Strategien zur Entwicklung einer stabilen und zugleich flexiblen Identität sind deshalb kein Rezept. Sie sind vielmehr Vorschläge, die Eltern und Pädagogen Anregungen geben sollen, wie Kinder in einer immer unüberschaubarer werdenden Welt ein Identitätsbewusstsein entwickeln können. Ein Identitätsbewusstsein, das ihnen helfen soll, die vielfältigen und komplexen Anforderungen der Zukunft – seien sie nun privater oder beruflicher Natur – zu bewältigen, anstatt an ihnen zu verzweifeln oder an ihnen psychisch zu erkranken.

Erziehung ist eine Aufgabe, die sich in der Regel über mehr als sechzehn Jahre erstreckt. Eines sollten sich Erziehende deshalb stets vergegenwärtigen: Erziehung zur Identität wie auch Erziehung im Allgemeinen ist ein lang andauernder Prozess. Die Identität eines Menschen gewinnt erst im Laufe der Erziehung ein Gesicht bzw. eine Kontur. Was Eltern aus diesem Grunde vor allem benötigen, ist ein hohes Maß an Geduld und die Fähigkeit, den Blick für die Erziehung zur Identität über den genannten Zeitraum von über sechzehn Jahren zu weiten. Das Ziel, Kinder bei der Entwicklung ihrer Identität zu unterstützen, bedeutet aus diesem Grunde, dies systematisch vorzubereiten. Zwei Faktoren sind hierbei von ausschlaggebender Bedeutung.

Zum einen müssen die unterschiedlichen erzieherischen Maßnahmen der Eltern bzw. Erzieher einem stabilen Muster folgen. Das bedeutet, dass sie eine einheitliche Struktur haben müssen. Die Maßnahmen beziehen sich u.a. auf die Ausführung von konkreten Tätigkeiten (z.B. das tägliche Zähneputzen oder das regelmäßige Aufräumen des Zimmers), aber auch auf das prinzipielle Akzeptieren von Grenzen und das Beachten der elterlichen Privatsphäre sowie auf die systematische Ausbildung von Fähigkeiten wie etwa Phantasie, Geduld, Konzentration. Derartige Tätigkeiten und Fähigkeiten eignen sich Kinder nur dann an, wenn sie regelmäßig dazu angehalten und darin eingeübt werden. Die Aufgabe der Eltern besteht darin, bei ihren Kindern konsequent bestimmte Verhaltensweisen einzufordern, so dass diese zur Gewohnheit werden und früher oder später selbständig ausgeführt werden können. Dieses routinierte Ausführen vermittelt Kindern wie Jugendlichen eine grundsätzliche Stabilität in ihrem Verhalten, die ihnen Sicherheit gibt.

Die hier vorgestellten 21 Strategien sind nur dann sinnvoll einsetzbar, wenn diesem Muster gefolgt wird. Es muss den gesamten Prozess der Erziehung durchgehalten werden. Gelegentliche Abweichungen von diesem Muster oder dieser Struktur – im Sinne von Ausnahmen – stellen kein Problem dar, wenn Kinder die generelle Erfahrung machen, dass sie sich prinzipiell an diesem Muster orientieren können.

Dieser erste zu beachtende Faktor bei der Erziehung zur Identität führt fast übergangslos zum zweiten. Denn hier geht es um die Frage, inwieweit Eltern die Identitätsentwicklung ihrer Kinder überhaupt beeinflussen bzw. steuern können. Können sie ihr Kind zu einer bestimmten Übernahme von Identität erziehen?

Die Erziehung zur Identität ist vermittelbar, jedoch nicht programmierbar. Vermittelbar ist sie insofern, als Eltern ihren Kindern über den ersten Faktor Stabilität in ihrem Erleben geben können und damit Orientierung und Sicherheit. Vermittelbar ist somit eine grundlegende Struktur, die sich in der ständigen Präsentation eines stabilen Musters den Kindern gegenüber äußert. Zu einer bestimmten, klar umrissenen Identität, die genau der Vorstellung der Eltern entspricht, können Kinder jedoch nicht erzogen werden. Sie werden die Welt nicht mit den Augen der Eltern sehen, nicht deren Werte im Verhältnis 1:1 übernehmen und nicht deren Anschauungen bedingungslos teilen. Denn jeder Mensch entschlüsselt und versteht die Welt auf seine eigene unnachahmliche Weise.

Menschen sind historische Wesen. Auf der Basis sozialisations-, erziehungs- und erfahrungsbedingter Einflüsse bildet sich für ein Kind mit der Zeit eine ganz persönliche

Wahrnehmung und Sichtweise von seiner Umwelt, den Menschen und der eigenen Person gegenüber heraus und interpretiert sie gemäß seines jeweiligen Erfahrungshorizontes.

Was für den einen eine natürliche bzw. selbstverständliche Erfahrung oder Erkenntnis ist – als Bestandteil seiner individuellen Lebensgeschichte –, muss für den anderen noch lange nicht so sein. Ein Kind, das z.b. bereits in frühen Jahren große Entbehrungen erlebt hat, wird die Welt anders sehen und deuten als ein Kind, das in einem wohlhabenden und behütenden Umfeld aufgewachsen ist. Das Beispiel operiert mit zwei Extremen, dabei sind zahlreiche Zwischenpositionen möglich. Menschen machen nie identische Erfahrungen und nie verarbeiten sie diese auf die gleiche Weise.

Als historische, also von der eigenen Vergangenheit beeinflusste, aber nicht abhängige Wesen handeln wir nie zufällig oder beliebig, sondern nach bewussten oder nicht bewussten Mustern, die sich in der Kindheit durch eine Vielzahl von Erfahrungen gebildet haben.

Eltern prägen zwar durch ihr Verhalten ihre Kinder in ihrer Entwicklung, aber sie stellen, was die Vermittlung von Werten, Einsichten, Überzeugungen etc. betrifft, keine identischen Kopien von sich selbst her. Eltern sind nur ein Teil der Erlebniswelt eines Kindes und können sie deshalb auch nur teilweise prägen. Selbst wenn Kinder die von Eltern gewünschten Verhaltensweisen offenkundig zeigen, die von ihnen gewünschten Einstellungen äußern, bedeutet diese »Übernahme« nicht zwangsläufig, dass sie dies im gleichen Maße wie ihre Eltern verstehen. Ein überzeugter Christ beispielsweise kann seine Kinder noch so sehr in seinem Sinne religiös erzogen haben, sie werden nie sein genaues Abbild sein. Sie werden – aufgrund ihres eigenen Erfahrungs- und Verständnishorizontes – vielleicht ganz andere christliche Schwerpunkte setzen oder sich sogar bewusst gegen den christlichen Glauben entscheiden. Oder ein Alkoholiker mag durch seine Verhaltensweisen seinem Kind noch so sehr einen bestimmten »Lebensstil« vorgelebt haben, dies wird jedoch nicht zwangsläufig dazu führen, dass sein Kind psychisch erkranken oder alkoholkrank wird.

Erziehung zur Identität bedeutet deshalb nicht, Kinder zu einer bestimmten Identität zu erziehen, sondern ihnen ein Gerüst zu geben, und auf dieser Basis können sie ihre eigenen Inhalte entwickeln.

Insbesondere die *ersten sechs Jahre* sind für Kinder – was die Herstellung und Stabilisierung von Ordnungen betrifft – von herausragender Bedeutung. Ordnung heißt hier, dass Kinder ein stabiles Umfeld haben, konstante und kontinuierliche Zuwendung, klare Grenzen und Regeln kennen und einhalten. Ordnung bedeutet aber auch, dass sie in dieser Zeit ihre Basisfähigkeiten aufbauen, trainieren und darauf weitere Fähigkeiten entwickeln. Dies ist kein Korsett, in das Kinder gezwängt werden, sondern es sind die notwendigen Startbedingungen ins Leben, damit sie sich psychisch optimal entwickeln können.

Auch *nach dem sechsten Lebensjahr* benötigt ein Kind Ordnungen; es benötigt sie sein ganzes Leben lang. Die Ordnungen werden nun jedoch Schritt für Schritt, aber sicher mit immer mehr Relativierungen durchzogen. Dies zeigt sich z.B. darin, dass sich mit der weitergehenden psychischen Entwicklung von Kindern langsam ein Verständnis für die Subjektivität von Perspektiven herausbildet. Kinder handeln lange Zeit aus einer egozentrischen Perspektive heraus, in der für sie generell fraglosen und damit nicht reflektierten Annahme, dass andere Menschen nur die gleichen Gefühle und Gedanken haben können, wie sie selbst auch. Nun lernen sie zu erkennen, dass andere Menschen andere Gefühle und Gedanken haben. In ihrem Denken sind sie jedoch nach wie vor ordnungsorientiert. Dabei haben sie ihre eigenen kleinen Theorien darüber, wie die Welt funktioniert, warum Vater und Mutter sich auf eine bestimmte Weise verhalten. Sie entwickeln ein recht widerspruchsfreies Welt- und Selbstbild, so dass sie über diese Stabilitäten, die sie zu entdecken glauben, einen Sinn finden können. Dabei verfallen sie allerdings noch häufig in ein klischeehaftes Denken, wie etwa der Annahme, dass Ärzte nur Männer sein können, weil sie bisher nur von männlichen Ärzten behandelt wurden, oder nur derjenige Arzt sein kann, der einen weißen Kittel trägt.

Ab etwa dem *achten Lebensjahr* werden andere Menschen vom Kind intensiver und differenzierter wahrgenommen. Sie verwenden nun mehr abstrakte Adjektive, um Persönlichkeitsmerkmale, Motive, Werte zu beschreiben. Mit ca. *zehn Jahren* begreifen sie, was unter dem Begriff Ambivalenz zu verstehen ist, wie etwa in der Widersprüchlichkeit und Gleichzeitigkeit von Emotionen, die man einer Person gegenüber hat. Zwischen dem *zehnten und zwölften Lebensjahr* können Kinder bereits wechselseitige Rollen übernehmen. Das heißt, dass sie eine Situation sowohl aus der eigenen Perspektive als auch aus der Perspektive einer anderen Person beurteilen und erkennen können. Sie lernen ebenfalls zu durchschauen, dass soziale Regeln auf Übereinkünften beruhen, die keinen unveränderlichen Charakter haben und im Einverständnis mit anderen verändert werden können. Sie lassen sich dann intellektuell nicht mehr mit Aussagen abspeisen wie: »Das ist aber so!« Kinder *ab dem zwölften und vierzehnten Lebensjahr* differenzieren ihre Beschreibungen besser. Sie sind sensibler für Komplexität und mögliche Widersprüche. Dies ist das Alter, wo der Umgang mit Pluralität gut eingeübt werden kann. Ordnungen verlieren im Leben eines Menschen nie ihre Bedeutung. Sie sind unverzichtbar. Aber sie nehmen nicht mehr das alleinige Feld der Wahrnehmung ein. Sie können flexibler gehandhabt werden.

Doch trotz der Sensibilisierung für die Widersprüchlichkeit und Komplexität der Welt benötigen Heranwachsende eindeutige Bezugspunkte, die ihnen eine sichere Grundlage für ihre Selbsteinschätzung geben. Aus diesem Grunde ist Erziehung zur Identität zunächst schwerpunktmäßig eine Erziehung zur Herstellung und Stabilisierung von Ordnungen. Aus diesem Grunde sind die ersten 20 Erziehungsstrategien **Strategien der Ordnung**. Diese Ordnungsstrategien bereiten aber auch bereits die Entwicklung von Flexibilität vor, die sich in der 21. Erziehungsstrategie wiederfindet. Sie stellen sozusagen die Grundlage dafür dar, dass eine Person sich in ihrer Identität ein Leben lang flexibel weiterentwickeln kann, ohne dass sie die Krisen und Brüche in ihrem Leben als katastrophal und identitätszerstörend ansehen muss (siehe dazu »Die Orientierungslosigkeit des Ich«, Seite 59)

Neben diesen beiden zentralen Faktoren bei der Erziehung zur Identität gibt es jedoch zwei grundlegende Schwierigkeiten. Eine Schwierigkeit liegt darin, dass Eltern quasi blind erziehen. Das Ergebnis »Identität« ist ein sehr abstraktes Ergebnis. Es lässt sich nicht messen, wie sich die Körpergröße eines Kindes messen lässt. Die Erfolge einer Erziehung zur Identität zeigen sich erst im Verlauf der Pubertät und darüber hinaus: im weitgehenden oder vollständigen Ausbleiben jener Fluchtwege, die im ersten Teil dieses Buches beschrieben wurden, im Erleben und im Erzeugen von Sicherheit und Orientierung, die sich im Wissen um die eigenen privaten und beruflichen Ziele ausdrücken, in der Fähigkeit, Krisen und Probleme prinzipiell als Herausforderungen zu betrachten und nicht als unabänderliche Niederlagen.

Stellen Sie sich ein riesiges Haus mit Dutzenden von Zimmern vor, die Sie putzen müssen. Dabei haben Sie zwei Möglichkeiten. Die eine: Sie putzen Zimmer für Zimmer. Die zweite: Sie putzen in jedem Zimmer ein wenig, dann wieder in einem anderen, dann kehren Sie zum vorhergehenden zurück usw. Bei der zweiten Version wird man wesentlich länger brauchen, um auch nur ein einziges Zimmer fertig geputzt zu haben. Bei der ersten Version können Sie innerhalb eines bestimmten Zeitraumes auf jedes Zimmer zurückblicken und sich sagen, dass die Arbeit in diesem Raum nun erledigt ist. Erziehung zur Identität verläuft eher nach der zweiten Version dieses Beispiels. Sie setzt sich aus einer Reihe von Bausteinen zusammen, die sich erst im Laufe der Zeit miteinander verbinden und jenes Phänomen kreieren, das Identität genannt werden kann.

Die zweite Schwierigkeit bei der Erziehung zur Identität besteht in Widerständen des eigenen Kindes oder anderer Personen oder in widrigen Umständen. Das vordringlichste Ziel eines Kindes ist die unmittelbare Befriedigung seiner Bedürfnisse und Wünsche. Dass bestimmte Verhaltensweisen seiner weiteren psychischen Entwicklung schaden, ist für ein Kind zunächst nicht einsichtig. Zu komplexerem Denken, das u.a. die Neben- und Fernwirkungen von Handlungen berücksichtigt, ist das Kind zunächst noch nicht fähig. So setzt es seine unmittelbaren Interessen gegen die weitergehenden Interessen seiner Eltern, die zukünftigen Fehlentwicklungen vorbeugen wollen. Das Resultat davon darf jedoch nicht sein, dass Eltern dem natürlichen Willen des Kindes prinzipiell nachgeben. Aber auch der Kontakt zu Gleichaltrigen kann die Erziehung zur Identität erschweren. Haben Eltern sich z.B. dazu entschlossen, den Fernseh- und Computerkonsum ihres Kindes einzuschränken, weil sie um die Gefahren eines übermäßigen Konsums wissen, kann ihre Absicht durch den Kontakt ihres Kindes zu Gleichaltrigen unterlaufen werden. Dann sehen Kinder eben nicht zu Hause fern oder spielen nicht dort mit dem Computer, sondern tun dies stattdessen bei Freunden oder Schulkameraden. Eine Möglichkeit, dem vorzubeugen, kann sein, mit den Eltern der anderen Kinder die Einhaltung des Verbotes zu vereinbaren, was natürlich in hohem Maße von der Kooperationsbereitschaft dieser Eltern abhängt. Das Scheitern ist dort programmiert, wo die anderen Eltern kein Interesse an einem gemeinsamen Verbot haben. Zu all diesen Schwierigkeiten kommen noch die täglichen optischen und akustischen Berieselungen durch das Fernsehen hinzu, die einen starken Einfluss auf die Konsum- und Ablenkungswünsche von Kindern haben. So ist die Erziehung zur Identität kein leichtes, aber auch kein unmögliches Unterfangen. Sie setzt Konsequenz und Geduld bei den Eltern voraus, um all diesen Schwierigkeiten begegnen zu können.

Die nun folgenden 21 Erziehungsstrategien sind – um es noch einmal zu betonen – nicht als ein Rezept misszuverstehen, sondern stellen einen Rahmen dar, innerhalb dessen Eltern und Erzieher ihre eigenen Ideen und Vorstellungen verwirklichen können. So ist der Gebrauch der Strategien als ein Vorschlagskatalog gemeint, der Anregungen zu einer differenzierten und systematischen Erziehung zu einer stabilen und gleichzeitig flexiblen Identität geben will.

Die Bausteine der Erziehung

Erziehung zur Identität setzt sich aus einer Reihe von Bausteinen zusammen, die hier aus insgesamt 21 Strategien bestehen. Die Strategien unterteilen sich dabei in vier Formen:

- Die Sicherheitsstrategien

- Die Basisstrategien

- Die Ergänzungsstrategien

- Die Flexibilitätsstrategie

Die *Sicherheitsstrategien* vermitteln dem Kind das elementare Gefühl von Sicherheit im Umgang mit sich selbst und seinem Körper. Die *Basisstrategien* entsprechen den bereits bekannten Basisfähigkeiten und beziehen sich auf die Förderung dieser notwendigen Fähigkeiten. Die *Ergänzungsstrategien* beziehen sich auf eine Gruppe von Fähigkeiten, die als Ergänzung zu den Basis- und Sicherheitsstrategien zu verstehen sind. Die *Flexibilitätsstrategie* befähigt Kinder zum Umgang mit Komplexität und Unsicherheit.

Die einzelnen Strategien unterscheiden sich dabei folgendermaßen:

Die Bausteine der Identität

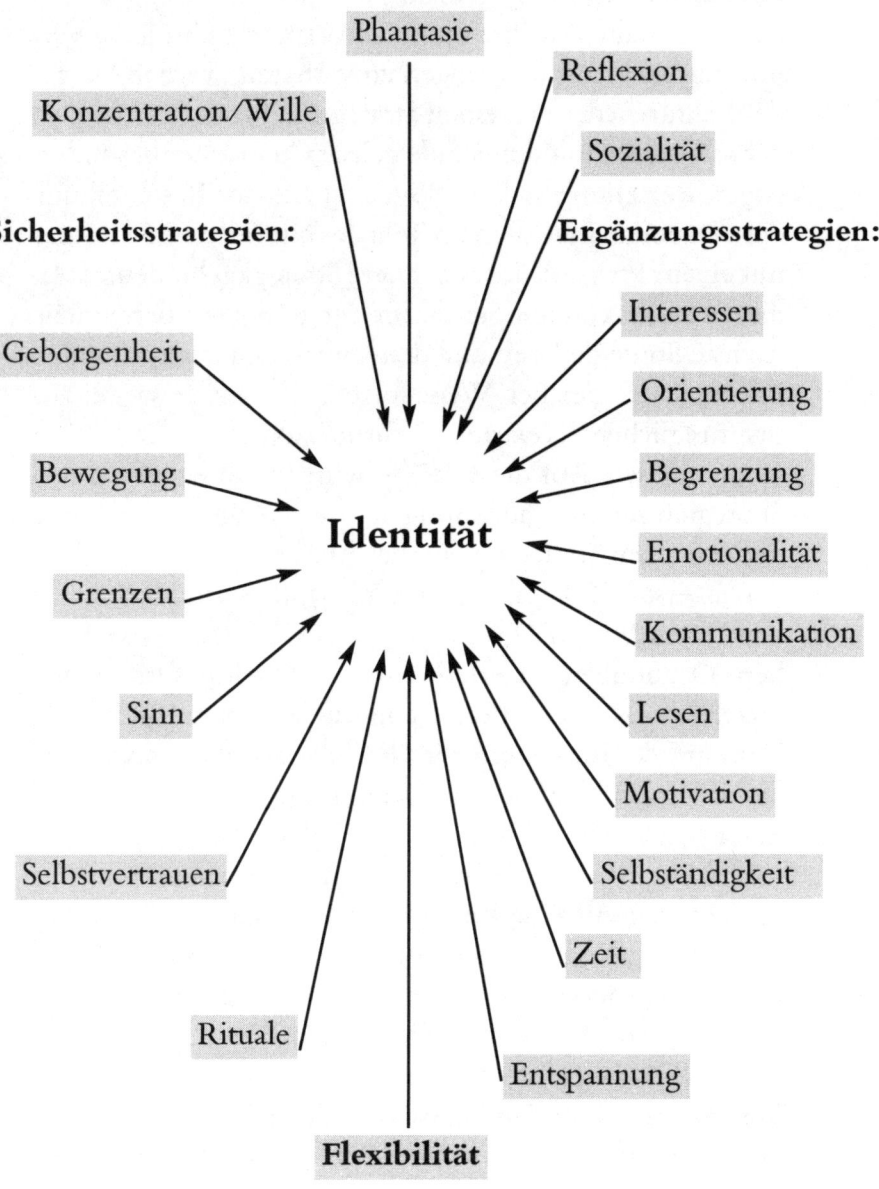

Basisstrategien:

Phantasie

Reflexion

Konzentration/Wille

Sozialität

Sicherheitsstrategien:

Ergänzungsstrategien:

Geborgenheit

Interessen

Orientierung

Bewegung

Begrenzung

Identität

Emotionalität

Grenzen

Kommunikation

Sinn

Lesen

Motivation

Selbstvertrauen

Selbständigkeit

Zeit

Rituale

Entspannung

Flexibilität

Alle 21 Strategien sind miteinander vernetzt. Es gibt keine Strategie, die wichtiger oder unwichtiger wäre. Erst in ihrer Kombination, Ergänzung und Verknüpfung untereinander entfalten sie ihre optimale Wirkung. Um diese Vernetzung nicht aus den Augen zu verlieren, werden Sie bei der Lektüre jeder einzelnen Strategie auf andere Strategien verwiesen, die mit der gerade gelesenen in einer besonders engen Beziehung stehen. So taucht bei der Beschreibung der einzelnen Strategien im Text des öfteren eine Klammer mit einem Pfeil auf, der auf andere Strategien hindeutet. An dieser Stelle können Sie die in der Klammer befindliche nächste Strategie lesen und den jeweils neu auftauchenden Pfeilen in der gleichen Weise folgen, um danach wieder zur ursprünglichen Textstelle zurückzukehren und dort weiterzulesen. Auf diese Weise würden Sie zwischen den Strategien hin und her springen, was die enge Vernetzung der einzelnen Strategien deutlich macht.

Die ersten 20 Strategien sind Ordnungstrategien. Sie beinhalten Vorschläge, die dem Kind die Möglichkeit geben, Ordnungen zu erleben und sich selbst Ordnungen setzen zu können. Erst wenn dieser Schritt getan ist, kann mit der Erziehung zur Flexibilität begonnen werden, die als Ergänzung zu den Ordnungsstrategien zu verstehen ist.

Der Begriff Strategie ist vornehmlich ein militärischer. Er bezieht sich auf eine umfassende Planung zur Verwirklichung von grundlegenden Vorstellungen. Strategie soll hier jedoch nicht als eine bloße Technik verstanden werden, die man zur Erreichung eines Ziels einsetzt. Strategie soll hier als Qualitätsbegriff verstanden werden, der sich auf den Umgang mit dem Kind auswirkt. Der Begriff Strategie hat einen Vorteil: Er verweist sowohl auf die aktuelle Handlung als auch auf das Ziel, das mit dieser Handlung später erreicht werden soll.

Die Darstellung der Strategien in diesem Buch folgt immer dem gleichen Muster. Zunächst wird die Strategie umrissen, dann wird die erzieherische Grundhaltung genannt, die dieser Strategie zugrunde liegt. Ein praktisches Beispiel rundet die Vorstellung der Strategie ab. Anschließend werden einige allgemeine Hinweise zum Einsatz der Strategie genannt. In den darauf folgenden zwei Informationskästen werden noch einmal stichwortartig die einzelnen Handlungsschritte bei dieser Strategie beschrieben sowie das hervorstechendste Identitätsmerkmal bzw. die hervorstechendsten Identitätsmerkmale herausgestellt. Die Handlungsschritte sind dabei in der Häufigkeit und Intensität ihres Einsatzes von den jeweiligen Situationen und vom Alter des Kindes abhängig.

Kapitel 5
Die Erziehungsstrategien

>»Ich habe einen Swimmingpool in meinem Garten ein-
>bauen und gleich daneben einen Tennisplatz anlegen
>lassen. Meiner Frau habe ich einen Sportwagen gekauft
>und mir eine Kreuzfahrt nach Hawaii geschenkt! Und
>was hast du Neues?«
>»Ich? Ich habe ein Bild von mir.«

Die Sicherheitsstrategien

DIE 1. STRATEGIE: Geborgenheit

Das Gefühl der Geborgenheit ist nur schwer zu beschreiben. Es bezieht sich auf eine Lebensqualität, die sich mehr
im Erleben als im intellektuellen Erfassen äußert. Ein Kind
liegt in den Armen seiner Mutter oder seines Vaters. Es
wird liebkost, seine Eltern sprechen mit ihm, albern und
lachen mit ihm, tollen mit ihm herum und drücken es an
sich.

Ein Kind genießt kaum etwas intensiver, als diesen Körperkontakt, der gleichzeitig ein intensiver Geisteskontakt
ist. Die Berührungen vermitteln ihm eine elementare
Sicherheit: das Aufgehobensein in einem kleinen Universum, das für das heranwachsende Kind das Größte ist. Es ist
im wahrsten Sinne des Wortes die erste Strategie, denn mit
der Berührung des Kindes nach der Geburt beginnt es. Hier

bilden sich die Grundlagen des Vertrauens, des Vertrauens in sich selbst und das Vertrauen in andere. Hinzu kommt das intuitive und später reflexive Wissen, von seinen Eltern angenommen zu sein und bedingungslos geliebt zu werden. Das Kind erlebt einen angstfreien Umgang mit seinen Eltern, was ihm die Möglichkeit gibt, sich unbeschwert zu entwickeln. Angenommensein, Aufgehobensein heißt dazuzugehören, nicht allein zu sein. Erst im Kreis derer, die ein Kind vorbehaltlos annehmen, kann sich ein Ich entfalten. Die Angst vor Zurückweisung existiert nicht. Es gibt kein permanentes Sich-in-sich-zurückziehen-Müssen aus den Gefühlen der Einsamkeit und Verzweiflung heraus. Das alles gibt einem Kind Stärke, um sich in die Welt hinauszuwagen, andere Kinder kennen zu lernen, neue Situationen nicht als bedrohlich und angstmachend zu erleben.

Geborgenheit ist ein Gefühl, das sich tief in die psychische Struktur eines Menschen eingräbt, ihn leitet und unsichtbar für ihn sein späteres Lebensgefühl entscheidend beeinflusst. So wird er prinzipiell dazu befähigt sein, sich später selbst jenen Grad an Geborgenheit zu geben, der für ihn nötig ist. Kinder, die Sorgen haben, müssen in den Arm genommen werden. Bei den Naturvölkern haben Kinder im Allgemeinen einen sehr intensiven Körperkontakt mit ihren Eltern und anderen Verwandten. Zärtlichkeit, Körperkontakt sind dabei nicht der Einstieg zu Verwöhnung oder Tyrannei der Kinder, sondern der Einstieg in eine auf Qualität basierende Beziehung.

Die erzieherische Grundhaltung der Eltern ist bei dieser Strategie die **vorbehaltlose Annahme** des Kindes, die sich in einem intensiven Kontakt zum Kind äußert und sich über den gesamten Prozess der Erziehung hinzieht.

Die Mutter des sechsjährigen Henning klagt darüber, dass ihr Sohn sich ihr entzieht. Er redet kaum mit ihr und hat angeblich kein Bedürfnis nach Körperkontakt. Die Mutter selbst hat erst nach langer Zeit gelernt, Körperkontakt als angenehm zu empfinden und zuzulassen. Jetzt, wo sie bereit ist, diesen elementaren Kontakt zu ihrem Sohn zu entwickeln, verweigert sich Henning. Behutsam lernt die Mutter, in der nächsten Zeit allmählich einen körperlichen Kontakt zu ihrem Sohn aufzubauen, wodurch sich das Verhältnis zwischen beiden verbessert. Henning will immer öfter mit seiner Mutter schmusen und fast schon zu häufig für sie »Kitzelmaschine« spielen.

Der Körperkontakt ist der erste Kontakt. Nachdem der Säugling die schützende Hülle des Mutterleibes verlassen hat, an die er sich in der Regel neun lange Monate gewöhnt hat, ist es nun eine andere Form der körperlichen Erfahrung, die ihm den Verlust dieser schützenden Hülle erträglicher werden lässt: Körperkontakt in Form von Streicheln, Massieren, Küssen, Umarmen, Drücken. Hinzu kommen die Akte des sanften und zärtlichen Sprechens, des Blickkontaktes, des Sich-Beschäftigens mit dem Kind. Diese kontinuierlichen körperlichen und geistigen Berührungen sind die Startbedingungen zur Entwicklung einer stabilen Identität.

Auch wenn das Kind älter wird, haben Streicheln, Sprechen, Augenkontakt immer noch eine Stabilisierungsfunktion beim Ausbau seines Geborgenheitsgefühl. Auch ein zwölfjähriger, fast 1,80 m großer Junge kann dieses Bedürfnis nach körperlicher Nähe zu seinen Eltern noch haben und genießen. Den Zeitpunkt, wo diese Formen der Geborgenheit weniger wichtig für das Kind werden, bestimmt das Kind selbst. Ältere Kinder haben prinzipiel nichts gegen das Schmusen, wenn man ihnen nicht schon lange vorher das Gefühl vermittelt hat, dass dies von den Eltern – aus welchen Gründen auch immer – nicht mehr gewünscht wird.

Natürlich sollte man Kindern diese Form der Geborgenheit nicht aufzwingen. Insbesondere während der Pubertät kann sich diesbezüglich eine Veränderung einstellen. Nichtsdestotrotz ist die Vermittlung von Geborgenheit auch in dieser Zeit wichtig. Sie verschiebt sich allmählich vom Körperlichen hin zur geistigen Begleitung des Heranwachsenden: in der Vermittlung des Gefühls, für ihn da zu sein, ihm zuzuhören (→ **Kommunikation**), sich für sein Leben zu interessieren.

Handlungsschritte für die 1. Strategie:

■ Körperkontakt
■ Verbale Kommunikation

Identitätsmerkmal:

■ Aufbau eines elementaren Sicherheitsgefühls

DIE 2. STRATEGIE: Bewegung

Über die körperliche Bewegung erfährt ein Kind die Welt. Sie aktiv zu erkunden bedeutet, intensive Sinneserfahrungen sammeln zu können, Erfahrungen darüber, wie sich etwas anfühlt, wie etwas schmeckt, wie es riecht. Lernen geschieht über die Verknüpfung von Nervenzellen. Bei der Geburt sind bereits einige der ca. 120 Milliarden Nervenzellen oder Neuronen, über die ein Mensch verfügt, miteinander verknüpft. Über diese neuronale Grobverdrahtung des Gehirns sind Säuglinge in der Lage, ihre Umwelt wahrzunehmen. Aber dieses Grundmuster an neuronalen Verbindungen und alle weiteren Verbindungen, die sich im Laufe der Zeit bilden, bedürfen der Feinabstimmung durch die Stimulation von Außen. Erfahrungen müssen wiederholt und trainiert werden, bis sie sich als stabile Erfahrungen in das Gedächtnis eingraben. Dies gilt auch für den Bewegungsapparat. Der Körper muss ständig bewegt werden, damit er seine volle Leistungsfähigkeit erreicht, damit die Koordination von Gehirn und Bewegung optimal aufeinander abgestimmt werden kann.

Kinder lernen über ihre Sinne. Über Bewegung werden alle Sinne aktiviert: das Sehen, das Fühlen, das Riechen, das Schmecken, das Hören. Alle Informationen, die über die entsprechenden Wahrnehmungskanäle an das Gehirn weitergegeben werden, werden dort miteinander koordiniert. Dieses Lernen durch körperliche Bewegung geschieht in den ersten Lebensjahren von Kinder automatisch. Sie sind hungrig nach neuen Erfahrungen. Eindrücke werden leicht aufgenommen. Im Vergleich zu Erwachsenen lernen sie in einem wesentlich schnelleren Tempo. Die Fähigkeit der Sinnesorgane zur Aufnahme wächst mit der entsprechenden Förderung. Sämtliche Sinne einschließlich des Bewegungsapparates müssen genutzt werden, damit sich das Gehirn überhaupt entwickeln kann und jene wichtigen neuronalen Verbindungen hergestellt werden können.

In späteren Jahren wird dieser automatisch sich vollziehende Prozess durch Interessen, die dem Bewegungsdrang des Körpers zuwiderlaufen, häufig behindert. Fernsehen und das Spielen am Computer können die körperliche und geistige Entwicklung von Kindern stark negativ beeinflussen. Die Körpererfahrungen werden auf dem momentanen Stand eingefroren und entwickeln sich zu langsam bzw. nur unzureichend weiter. Die motorische Entwicklung des Kindes stagniert.

Mit der Vielfalt an sinnlichen Erfahrungen, die nicht zuletzt über die Bewegung aktiviert werden, werden Menschen beweglicher an Geist und Körper. Ein Mangel an Bewegung durch übermäßigen Fernsehkonsum kann zu Verhaltensauffälligkeiten oder Verhaltensstörungen führen, z.B. zu Konzentrationsstörungen, Sprach-, Lese- und/oder Rechenschwäche. Aber auch motorische Störungen, die auf Bewegungsmangel zurückzuführen sind, sind hier zu nennen. Die Fähigkeit, sich beim Fallen mit den Händen abzufangen, haben beispielsweise eine Reihe von Kindergartenkindern noch nicht gelernt. Dabei ist dies eine Fähigkeit, die sie bereits ab dem ersten Lebensjahr beherrschen sollten. Des weiteren kann ein Bewegungsmangel zu Störungen des Gleichgewichtssinns führen. So können manche Kinder nicht rückwärts gehen, nicht balancieren, sie stoßen beim Spiel häufig mit anderen zusammen oder laufen gegen Personen, Wände und Gegenstände, weil sie nicht rechtzeitig abbremsen können. Zwar arbeiten Nerven und Muskeln normal, doch das Gehirn kann die Nerven- und Muskeltätigkeit nicht aufeinander abstimmen. Den Kindern fehlt einfach die entsprechende motorische Erfahrung. Es kommt zu muskulären Schwächen, Koordinationsproblemen und Haltungsschäden.

Mangelnde motorische Fähigkeiten führen dazu, dass Kinder kein Verhältnis zu ihrem Körper aufbauen können. Sie kennen ihn nicht, können ihn nicht entsprechend seiner Möglichkeiten einsetzen. Sie erfahren auf der physischen Ebene nichts über sich. Ihr Körper ist ihnen fremd; er ist für sie eine Maschine, die sie allerdings nicht einmal richtig bedienen können. In einer solchermaßen verstandenen organischen Apparatur fühlen sich Kinder nicht sonderlich wohl. Und so ist es nicht weiter verwunderlich, dass sie körperliche Aktivitäten, die ihnen als zu schwer oder gar unmöglich erscheinen, vermehrt meiden. Die körperliche Ich-Erfahrung wird ausgelassen. Das Finden einer Körper-Identität findet nicht statt.

Die geistige Grundhaltung von Eltern bei dieser zweiten Strategie ist die **Förderung der körperlichen Bewegung** von Kindern.

Der elfjährige Sven sitzt viele Stunden am Tag vor dem Fernsehapparat oder vor dem Computer; er ist ein richtiger Stubenhocker. Im schulischen Sportunterricht gehört er zu den Schlechtesten: Er bewegt sich zu langsam, kann seine Bewegungen nur schwer aufeinander abstimmen. Auch seine übrigen schulischen Leistungen lassen zu wünschen übrig. Das erste, was seine Eltern als Maßnahme durchführen, ist die Beschränkung der Fernseh- und Computerzeiten (→ **Begrenzung**). Der Vater sorgt dafür, dass sein Sohn einem Sportverein beitritt. Sven weint, weigert sich, die Eltern lassen sich jedoch nicht erweichen. Nach einer Reihe von Widerständen findet sich Sven schließlich mit seinen neuen Lebensbedingungen ab. Es dauert ungefähr ein Jahr, bis sich langsam eine Veränderung zeigt. Sven kann sich nun koordinierter bewegen, seine Noten im Sportunterricht haben sich verbessert. Mittlerweile macht ihm Sport auch mehr Spaß. Mit den eingeschränkten Fernseh- und Computerzeiten hat er sich zwar noch immer nicht abgefunden, aber er hat sich damit arrangieren müssen.

Kinder brauchen Bewegung. Es geht nicht darum, dass Kinder die Notwendigkeit der Bewegung einsehen. Zu sehr sind sie häufig vom Fernsehen und den Möglichkeiten des Computers fasziniert, als dass sie zugunsten von mehr Bewegung freiwillig darauf verzichten bzw. die dafür verwendeten Zeiten selbst einschränken würden. Wichtig ist festzuhalten, dass Fernsehen und das Spielen am Computer nicht eine umfassende motorische Geschicklichkeit fördern. Entwickeln sich Kinder zu Stubenhockern, gar zu »Bewegungsverweigerern«, dann entgehen ihnen wichtige Erfahrungen. Eltern sollten ihre Kinder regelmäßig dazu auffordern und dies auch durchsetzen, dass sie im Freien spielen, ob sie nun wollen oder nicht. Es kann nicht das Ziel von Eltern sein, die auf lange Sicht selbstschädigenden Verhaltensweisen von Kindern zu unterstützen.

Wo allerdings keine ausreichenden Kinderspielplätze oder allgemein zu wenige Möglichkeiten zur Verfügung stehen, um die Bewegungsfähigkeit von Kindern zu fördern, ist dies ein Problem, das Eltern nicht immer alleine lösen können.

Eine weiterer Ansatz besteht darin, Kinder in regelmäßigen Abständen zu Ferienfreizeiten zu schicken. Dort gibt es keine Fernsehgeräte, keine Computer (Kinder vergessen sie schnell, sofern sie noch nicht abhängig davon sind), dort gibt es Spiele, Kommunikation und Bewegung pur. Dort genießen sie Bewegung und schulen ihre Sinne in der Natur: beim Klettern auf Bäumen, beim sich Wälzen im Gras, beim Betrachten und Berühren von Tieren etc.

Handlungsschritte für die 2. Strategie:

■ Regelmäßiges Spielen draußen
■ Regelmäßiger Sport
■ Regelmäßige Teilnahme an Ferienfreizeiten
■ Begrenzung von Fernseh- und Computerzeiten

Identitätsmerkmal:

■ Entwicklung einer Beziehung zum eigenen Körper

DIE 3. STRATEGIE: Grenzen

Grenzen offenbaren die Realität der Welt, die sich darin zeigt, dass dem Handeln eines Menschen Widerstand entgegengesetzt wird. Widerstand, der sich in Form von Materie wie etwa einer Wand oder in Form von Einschränkung von Verhaltensweisen und -möglichkeiten (→ **Begren-**

121

zung) zeigt. Kinder, die von ihren Eltern Grenzen gesetzt bekommen, indem sie mit Verhaltensregeln konfrontiert werden, die sie einhalten müssen, erleben auf eine für sie oft unangenehme Weise Realität. Erfahren sie diese jedoch nicht, entwickeln sie sich fast zwangsläufig dahingehend, dass sie im Umgang mit sich selbst und mit anderen orientierungslos werden. In der Konfrontation mit und in der Akzeptanz von Grenzen erfährt das Kind eine Orientierung (→ **Orientierung**), die ihm eine Sicherheit in seinem Verhalten gibt. Es erfährt, dass bestimmte Dinge nicht möglich oder nur mit unangenehmen Konsequenzen möglich sind, die es dann zu tragen hat.

Kinder, die keine oder zu wenig Grenzen kennen, entwickeln sich meist zu egoistischen und rücksichtslosen Menschen. Sie betrachten sich häufig als den Mittelpunkt der Welt und gehen wie selbstverständlich davon aus, dass diese nur zu einem einzigen Zweck existiert: um ihnen ihre Wünsche zu erfüllen. Die Realität, die ihnen früher oder später – in Gestalt von privaten und beruflichen Anforderungen und Verpflichtungen – begegnet, überfordert sie, weil sie sich der Kontrolle ihres Willens entzieht. Was an Forderungen und Wünschen im Schutz des Elternhauses noch durchsetzbar ist, wird spätestens mit Eintritt in das Berufsleben nicht mehr möglich sein. Das Setzen und Durchsetzen von Grenzen schafft für das Kind Punkte der Orientierung, ohne die es in der Gesellschaft nicht überleben kann. Auch wenn Kinder Grenzen nicht gerne akzeptieren, weil sie ihren momentanen Bedürfnissen oft widersprechen, sind sie unerlässlich für ihre weitere psychische Entwicklung.

Die erzieherische Grundhaltung von Eltern besteht bei dieser Strategie darin, Kindern **Grenzen zu setzen,** die sie nicht in ihrer Entwicklung beschneiden, ihnen aber Orientierung und damit Sicherheit in ihrem Verhalten geben.

Der vierjährige Markus fährt mit seinem Gokart laut schreiend durch die Wohnung. Die Mutter bittet ihren Sohn, leiser zu sein, doch Markus reagiert nicht darauf. Er fährt seiner Mutter mit dem Gokart gegen die Füße. Wieder bittet sie Markus, das zu unterlassen. Markus gehorcht nicht. Immer wieder fährt er gegen die Füße der Mutter. Die Mutter verlässt kurz entschlossen den Raum, um den Attacken ihres Sohnes zu entkommen. Markus fährt ihr von Zimmer zu Zimmer nach und fährt ihr gegen die Füße. Auch wenn die Mutter Markus den Gokart schließlich mit einem schlechten Gewissen wegnimmt, ähneln viele andere Alltagssituationen diesem Ereignis. Mit der Zeit lernt die Mutter von Markus, klare Grenzen zu ziehen. Sie teilt ihm mit, was geschehen wird, wenn er eine Grenze übertritt, und setzt die angedrohte Konsequenz durch. Nach einigen Wochen macht die Mutter die Erfahrung, dass das Zusammenleben mit ihrem Sohn viel erträglicher geworden ist. Es gibt weniger Streit. Sie verstehen sich besser. Markus hält sich an die ausgehandelten Regeln.

Je uneindeutiger bzw. durchlässiger eine Grenze ist, umso weniger gibt sie einem Kind die nötige Verhaltenssicherheit. Wenn der Vater etwas erlaubt, was die Mutter verboten hat, oder umgekehrt oder wenn Verbote, nachdem sie ausgesprochen wurden, nur kurzzeitig umgesetzt oder wieder zurückgenommen werden, existiert für das Kind keine tatsächliche Grenze.

Im Alltag bedeutet dies, klare Regelungen zu haben, die das Kind bzw. der Jugendliche verstehen kann. Dies betrifft alles, was das Zusammenleben innerhalb einer Familie regelt, sei es nun die Essens-, Schlafensgeh- oder Fernsehzeit, die Art des Umgangs miteinander oder die Beteiligung im Haushalt. Wichtig ist in diesem Zusammenhang auch, dass das Kind die nötige Erfahrung macht, dass es Teil einer Familie ist und nicht über der Familie steht. Dies bedeutet auch, dass das Kind die manchmal für es schmerzliche Erfahrung machen muss, dass die Eltern Zeit für ihre Beziehung benötigen und es nicht ständig alle Aufmerksamkeit für sich beanspruchen kann. Nur wenn es solchen und generell Grenzsituationen ausgesetzt ist, kann es lernen, sich mit Situationen auseinander zu setzen, die es als unangenehm erlebt, und diese verarbeiten. Auf diese Weise kann es einen sinnvollen Umgang mit dem Erleben von »Zurückweisung« entwickeln. Dies verhindert, dass das Kind später eine unrealistische Erwartung an die Menschen seiner Umgebung stellt, und es lernt, die Bedürfnisse und Wünsche anderer zu respektieren.

Handlungsschritte für die 3. Strategie:

- Grenzen im Umgang mit dem Kind aufstellen
- Grenzen eindeutig formulieren
- Grenzen durchsetzen

Identitätsmerkmal:

- Umgang und geistige Verarbeitung von Grenzerfahrungen zur Ich-Differenzierung

DIE 4. STRATEGIE: Rituale

Rituale sind für Kinder Zeremonien der Sicherheit. Es sind bewusst vollzogene Regelmäßigkeiten, die sich in ihrem Ablauf ständig wiederholen. Damit stellen sie eine Ordnung par exellence dar. In unserer Gesellschaft gibt es eine Vielzahl von unterschiedlichen Ritualen. Die Taufe ist ein Ritual, der erste Schultag, die Kommunion, die Konfirmation, der Geburtstag, ein Feiertag, der Muttertag. Rituale regeln, wie man sich in bestimmten Situationen und an bestimmten Tagen zu verhalten hat. Das Verhalten besteht aus Wiederholungen und aus Handlungen, die nicht nur rein sprachlicher Natur sind. Rituale haben einen klaren Anfang und ein klares Ende. Sie drücken einen Sinn aus, der über die bloße Handlung hinausweist wie etwa Weihnachten oder der Muttertag.

Rituale in der Erziehung haben den Sinn, Sicherheit zu vermitteln. Eine Sicherheit, die als solche nicht unbedingt bewusst erlebt wird, aber trotzdem für Kinder spürbar ist. Sie festigen den auszubildenden Ordnungssinn beim Kind und haben in ihrer Ausführung eine beruhigende Funktion. In der Erziehung entwickeln sie sich zum einen aus dem Zusammenspiel zwischen Elternverhalten und Kindverhalten, aus dem sich ein gemeinsames Verhaltensschema ergibt. Sie können des weiteren von den Eltern einfach vorgegeben werden, wie das beispielsweise bei einem Zubettgeh-Ritual der Fall sein kann.

Als eine weitere Form der Herstellung und Stabilisierung von Sicherheit stellt das **Durchführen von Ritualen** ebenfalls eine erzieherische Grundhaltung dar.

Die achtjährige Melanie achtet von sich aus auf das allabendlich sich vollziehende Ritual des Zubettgehens. Die

Abfolge hat sich mit der Zeit zu einem fest umschriebenen Vorgehen entwickelt. Zunächst bringt die Mutter Melanie ins Bett. Dann deckt sie sie zu, zündet zwei Teelichter an und setzt sich zur ihr auf den Bettrand. Sie spricht mit ihr kurz über die Dinge, die im Laufe des Tages noch nicht zur Sprache gekommen sind (→ **Kommunikation**). Dann liest sie ihr aus einem Märchenbuch vor. Wenn sie die Geschichte zu Ende gelesen hat, gibt sie Melanie einen Kuss und macht das Licht aus. Dann kehrt sie kurz zum Bett zurück, streichelt Melanie über den Kopf und verlässt dann das Zimmer. Melanie genießt dieses Ritual, und sie ist sehr enttäuscht, wenn es in Ausnahmesituationen verkürzt oder nicht ausgeführt wird. Sie weiß, dass es (in der Regel) keine Abweichung vom Ritual gibt und dass sie nach dem Verlöschen des Lichtes schlafen muss. Beide – Mutter und Tochter – haben sich stillschweigend verpflichtet, den Ablauf des Rituals zu befolgen.

Im Akt des Rituals ist das Bewusstsein von Mutter und Tochter auf »Ruhe« ausgerichtet. Ihre Konzentration liegt auf der Durchführung des Rituals selbst. Der Tag kann nun in Ruhe beendet werden.

Ob es sich nun um das Zubettgeh-Ritual, das Ritual der Essenszeiten und der damit verbundenen Regeln, wie man sich am Tisch zu benehmen hat, handelt oder um Verabschiedungsrituale, um sinnvolle und klar definierte Auseinandersetzungsrituale, Verzeihungsrituale – sie sind oder sollten im Erziehungsalltag präsent sein. Und sie sind wichtig, denn sie führen dort auf eine Ordnung zurück, wo diese in anderen Feldern des täglichen Lebens nicht gewährleistet ist. Mit Kindern Rituale zu entwickeln bedeutet immer auch, mit ihnen Inseln der Sicherheit zu entwickeln.

Die 5. Strategie: Sinn

Einem Gedanken, einem Gefühl, einer Handlung, einer Sache einen Sinn zu geben heißt, ihnen eine Bedeutung zu geben. Eine Bedeutung, die einen Menschen dazu veranlasst, sich diesen Gegenständen der Betrachtung intensiv zu widmen und eine Bindung dazu zu entwickeln. Eine Bedeutung, die nicht nur auf einen kurzen Zeitraum begrenzt ist, sondern in die Zukunft weist. Kinder sehen im Allgemeinen in vielen ihrer mehr oder weniger freiwilligen Handlungen noch keinen Sinn, wie z.B. in der Körperhygiene oder im regelmäßigen Schulbesuch. Sich für eine Sache, eine Idee, eine Vorstellung zu begeistern setzt voraus, Interesse daran zu haben, die weit über den gerade erlebten Moment hinausgeht.

Überdauernder Sinn entsteht nur in der Bindung zu einem Gegenstand der Betrachtung, sei es nun die partnerschaftliche Beziehung oder das Ausüben eines Berufs. Erst dann kann sie einer Person das Gefühl von Zufriedenheit, Verwirklichung, Sicherheit und Orientierung geben. Die Sinnfrage – als Frage nach der Richtung, die das eigene Leben privat oder beruflich nehmen soll – ist eine Frage, die im Laufe der Pubertät an Bedeutung gewinnt, vorausgesetzt, dass diese Kinder an Sinnfragen interessiert sind. Denn um sich selbst einen Sinn geben zu können, müssen bestimmte Fähigkeiten und Erfahrungen vorhanden sein. Ohne die Erfahrung, dass ein Kind mit seinen Handlungen auf sein Leben, auf das von anderen und ganz allgemein auf Situationen Einfluss nehmen kann, entsteht kein Selbstvertrauen (→ **Selbstvertrauen**). Ohne die Fähigkeit zur Reflexion (→ **Reflexion**), im systematischen Durchdenken des eigenen Verhaltens, ohne die Fähigkeit zur Phantasie (→ **Phantasie**) im Entdecken von Möglichkeiten und Alternativen, ohne die Fähigkeit zur Konzentration und zum Willen (→ **Konzentration und Wille**) im Verwirklichen der eigenen Vorstellungen kann sich kein Bewusstsein für den Sinn der eigenen Handlungen entwickeln.

Über die Ausbildung der Basisfähigkeiten und in der Anregung der Kinder, sich gezielt Interessen (→ **Interessen**) zu suchen, sich Maßstäbe zu setzen (→ **Orientierung**), Eigenmotivation zu entwickeln (→ **Motivation**) können Eltern den Aufbau eines Sinnbewusstseins bei ihren Kindern fördern.

Die erzieherische Grundhaltung bezieht sich bei dieser Strategie darauf, die heranwachsenden **Kinder dazu aufzufordern, sich bewusst mit ihren Handlungen auseinander zu setzen und ihnen einen Sinn zu geben.**

Die schulischen Leistungen des siebzehnjährigen Christoph werden zunehmend schlechter. Nicht zuletzt ist dies darauf zurückzuführen, dass er sehr viel Zeit mit Computerspielen verbringt. Ansonsten ist er kein schlechter Schüler. In letzter Zeit hat er sich häufiger mit seiner Zukunft beschäftigt und überlegt, welchen Beruf er ergreifen soll. Er möchte Architekt werden, doch sein Schulabschluss ist gefährdet. Seine Eltern führen mit ihm ein ruhiges Gespräch. Sie führen ihm all die logischen Schlüsse, die sich aus weiteren schlechten Schulnoten ergeben, nicht vor Augen; sie drohen ihm damit nicht. Sie sagen ihm nicht, dass sein in letzter Zeit angestiegener Computerkonsum aller Wahrscheinlichkeit nach der Grund für seine schlechten schulischen Leistungen ist. Sie fordern statt dessen Christoph geduldig und immer wieder dazu auf, sich mit den Gründen für seine schlechten Schulleistungen auseinander zu setzen.

Über viele Widerstände hinweg beginnt Christoph, sich – vielleicht zum ersten Mal in seinem Leben – mit seinen Wünschen, Zielen, Ängsten intensiv zu beschäftigen. Er sieht ein, dass er mehr Zeit für die Videospiele hat als für das Lernen. Christoph wird aufgefordert, einen Plan zu erstellen, wie er das verändern kann – ein Plan, der mit seinen Eltern abgestimmt werden muss. Die Konsequenzen, wenn seine Noten weiterhin schlecht bleiben, werden zusammen mit Christoph erörtert. Mit der Zeit gelingt es ihm, seinen schulischen Leistungen einen Sinn zu geben, der ihm hilft, auf sein Berufsziel systematisch hinzuarbeiten.

Dieses »Bilderbuchverhalten« eines Heranwachsenden ist kein Zufallsprodukt oder Märchen. Es ist in diesem Fall die Folge aller bereits vorangegangenen Erziehungsprozesse, die die Einsichtsfähigkeit von Christoph erst möglich gemacht haben.

Eine wichtige Voraussetzung dafür, dass ein Kind seinem Verhalten einen Sinn geben kann, besteht darin, dass die Eltern mit ihm eine gute kommunikative Basis haben. Eltern sollten ihre Kinder regelmäßig dazu auffordern, sich über die Beweggründe ihres Verhaltens, über ihre Ziele im Klaren zu werden. Sie können über die Äußerungen und Begründungen ihrer Kinder diskutieren, eventuelle Hintergründe erfragen, helfen, Sichtweisen so weit wie möglich zu erweitern, indem neue Sichtweisen eingeführt werden (→ **Flexibilität**). Das müssen keine stundenlangen Gespräche sein, die geführt werden. Sie müssen nicht jeden Tag und jede Woche stattfinden. Diese Themen können in ganz normale Unterhaltungen einfließen. Kinder sind bereit, über ihre Gedanken Auskunft zu geben, wenn sie schon früh darin geübt sind.

Schon kleinere Kinder haben Erklärungen für ihr Verhalten und bestimmte Auffassungen zu unterschiedlichsten Lebensbereichen. Auch wenn sie in jüngeren Jahren den Sinn vieler Tätigkeiten noch nicht einsehen können, kann und sollte man ihn ihnen je nach ihrem Fassungsvermögen erklären. Das alles sind Schritte der Vorbereitung auf die Zeit der Pubertät, wo sich Heranwachsende intensiver mit dem Sinn ihres Lebens auseinander setzen und ihn zu entwickeln beginnen. Kein Pubertierender entzieht sich dabei automatisch seinen Eltern, nur weil er in der Pubertät ist. Es hängt vielmehr von der Beziehungsqualität zu den Eltern ab, ob sich Jugendliche vor ihren Eltern verschließen oder nicht. Mit seinen Kindern am Sinn ihrer Handlungen, den sie mit zunehmenden Alter für sich immer besser entwickeln können, zu arbeiten ist ein wichtiger Schritt bei der Unterstützung ihrer Identitätsentwicklung.

Handlungsschritte für die 5. Strategie:

- Kindern den Sinn von Tätigkeiten kindgerecht erklären
- Erfragen von Gründen, warum Kinder etwas tun oder nicht tun
- Mit ihnen über diese Gründe diskutieren. Neue Sichtweisen soweit nötig einführen
- Während der Pubertät intensiv mit ihnen den Sinn ihrer Handlungen, ihrer Sichtweisen und Ziele besprechen

Identitätsmerkmal:

- Aufbau von Sicherheit über die Entwicklung von Bedeutung und Zielen

DIE 6. STRATEGIE: Selbstvertrauen

Das subjektive Wissen, mit seinem eigenen Tun Einfluss auf sich selbst, auf andere Menschen und allgemein auf erlebte Situationen ausüben zu können ist für ein Kind eine wichtige Erfahrung. Sie ist deshalb so bedeutsam, weil sich durch sie eine grundlegende Einstellung bildet, nämlich die, sich in dieser Welt durchsetzen zu können und ihr nicht hilflos ausgeliefert zu sein. Dadurch entwickelt sich Selbstvertrauen. Dies beinhaltet das Vertrauen in die Fähigkeit, die eigenen Bedürfnisse befriedigen, die eigene Meinung vertreten, ein bestimmtes Verhalten ausführen und seine eigenen Kompetenzen realistisch einschätzen zu können.

Die gegenteilige Erfahrung, die Überzeugung, dass ihr Handeln nichts oder nur Unwesentliches bewirkt, stößt Kinder in Hoffnungslosigkeit und Gleichgültigkeit. Sie erleben sich als inkompetent und haben nicht selten Schuldgefühle aufgrund ihres Versagens. Das alles wirkt sich auf ihr Selbstbild aus, auf die Art und Weise, wie ein Mensch sich selbst bewertet. Gedanken, die mehr oder weniger intensiv und regelmäßig um die eigene Unzulänglichkeit kreisen, haben die Gewohnheit, sich mit der Zeit zu verselbständigen. Sie werden zu nicht bewussten, automatischen Gedanken, die alle anderen bewussten Gedanken und Gefühle negativ beeinflussen. Im schlimmsten Fall führt diese Entwicklung zur Ausbildung einer Depression.

Die erzieherische Grundhaltung, die bei dieser Strategie zum Tragen kommt, lautet, **Kindern regelmäßig die Möglichkeit zu geben, Erfolgserlebnisse zu sammeln** (→ **Selbständigkeit**).

Die zehnjährige Miriam fühlt sich als Versagerin. Sie glaubt, dass sie unfähig dazu ist, etwas richtig zu machen. In der Schule ist sie eine durchschnittliche Schülerin. Zu Hause ist es ihre Mutter, die ständig an ihr herumnörgelt und ihr das Gefühl gibt, alles falsch zu machen. Mit nichts ist die Mutter zufrieden; sie entdeckt bei allem, was Miriam tut, immer noch einen kleinen Fehler oder ein kleines Versäumnis, was sie ihrer Tochter sofort mitteilt. In letzter Zeit gibt sich Miriam kaum noch Mühe, die ihr gestellten Aufgaben im Haushalt korrekt zu erledigen. Dadurch kommt es zu häufigen Streitigkeiten zwischen Mutter und Tochter. In Miriams Kopf herrscht der Gedanke vor, dass alles Bemühen keinen Sinn hat, da sie ja doch alles falsch macht. Es dauert eine Weile, bis der Mutter deutlich wird, dass es ihr Verhalten ist, das zu Miriams derzeitiger schlechter psychischer Verfassung beiträgt. Die Mutter ändert ihr Verhalten. Sie lobt ihre Tochter, vermittelt ihr das Gefühl, wichtig zu sein, verschafft ihr Erfolgserlebnisse, die ihr Selbstvertrauen stärken. Zunehmend fühlt sich Miriam wohler. Ihre Gedanken kreisen nun nicht mehr ständig darum, alles falsch zu machen. Sie erledigt jetzt Aufgaben im elterlichen Haushalt, vor denen sie bisher Angst hatte.

Das Selbstvertrauen eines Menschen bildet sich durch die Erfahrungen, die er als Kind gesammelt hat. Für Eltern ist es deshalb wichtig zu erkennen, dass ihre Kinder Erfolgserlebnisse benötigen, die ihnen das Gefühl vermitteln, mit ihrem Handeln etwas zu bewirken. Ihnen Aufgaben zu geben, die sie lösen können, verfestigt die Überzeugung, Einfluss nehmen zu können. Je älter Kinder werden, um so mehr benötigen sie Bereiche, die in ihrem Verantwortungsbereich liegen und die sie selbständig bewältigen können. Des weiteren sollten Kinder ermutigt werden, sich Herausforderungen zu stellen, z.B. zum ersten Mal alleine einkaufen zu gehen, Auseinandersetzungen mit anderen Kindern alleine durchzustehen, an einer Ferienfreizeit teilzunehmen. Dies alles sind kleine, aber dennoch nicht unwichtige positive Gegengewichte zu einem oft negativen Lebensgefühl von Kindern, das durch das Erleben eines mehr oder weniger »kinderfeindlichen« Umfeldes ausgelöst wird. Kinder leben in einer Welt, die ihnen nur sehr wenig Kontrolle gibt. Sie fühlen sich häufig fremdbestimmt: durch die Familie, durch die Schule, durch das gesellschaftliche Umfeld.

Handlungsschritt für die 6. Strategie:

■ Vermittlung von Bewältigungserfahrungen durch das regelmäßige Stellen von Aufgaben, die für das Kind lösbar sind

Identitätsmerkmal:

■ Vertrauen in die eigenen Fähigkeiten gewinnen

Die Basisstrategien

DIE 7. STRATEGIE: Konzentration und Wille

Ohne die Fähigkeit zur Konzentration und die Fähigkeit, den Willen differenziert zu benutzen, ist ein geordnetes Denken und Handeln nicht möglich. Wer einen Sinn bzw. ein Ziel vor Augen hat – dies kann der Lego-Turm sein, der unbedingt zu Ende gebaut werden soll, oder das Ergreifen eines Berufs – benötigt Konzentration, Wille und ein Höchstmaß an Motivation (→ **Motivation**). Kinder konzentrieren sich leichter auf Dinge, die ihnen Spaß bereiten, als auf solche, die ihnen unangenehm sind. Selbst hyperkinetische Kinder können sich meist auf die Tätigkeiten konzentrieren, die ihnen Vergnügen machen. Die Konzentration stellt sich wie von selbst ein, doch erst von dem Moment an, wo sie bei Tätigkeiten aufrechterhalten werden soll, die eine gewisse innere Überwindung erforderlich machen, äußert sich der differenzierte Wille.

Die Konzentration und den Willen eines Kindes über ihre problemlose und natürliche Aufrechterhaltung hinaus zu stärken ist eine Kernaufgabe – und nicht nur – bei der Erziehung zur Identität. Die Widerstände des Kindes – vor allem seine Unlust – können hierbei sehr groß sein. Es sieht nicht ein – und kann es auch aufgrund seines geistigen Fassungsvermögens lange Zeit nicht –, dass das Lustprinzip nicht das einzige Kriterium sein kann, um eine Tätigkeit konzentriert zu erledigen.

Die erzieherische Grundhaltung bei dieser Strategie ist die **gezielte Förderung der Konzentration und des Willens** dort, wo Eltern oder Pädagogen bemerken, dass das Kind in diesen Bereichen Defizite aufweist.

Der zehnjährige Tobias hat seit längerer Zeit Schwierigkeiten mit seiner Konzentration. Er lässt sich bei der Erledigung seiner Hausaufgaben übermäßig viel Zeit. Man merkt ihm an, dass er sich langweilt und keine Lust dazu hat. Er lässt sich leicht ablenken, träumt vor sich hin, denkt an seine Lieblingsfernsehsendung oder an das neue Computerspiel, das er am liebsten sofort ausprobieren möchte. Hausaufgaben sind ihm lästig. Dies gilt auch für andere Tätigkeiten, wie z.B. das eigene Zimmer aufzuräumen oder die Spülmaschine auszuräumen. Viel lieber möchte er das tun, was ihm Spaß macht.

In mehreren Gesprächen mit der Mutter wird ein Plan entwickelt, wie sich die Konzentration von Tobias dauerhaft erhöhen lässt. Zunächst wird mit ihm vereinbart, dass er seine Hausaufgaben schneller erledigen soll, ohne sich dabei unter Druck zu setzen. Jedesmal, wenn es ihm gelingt, seine Hausaufgaben und seine Aufgaben im elterlichen Haushalt in einer annehmbaren Zeit zu erledigen, bekommt er einen Belohnungspunkt. Bei einer gewissen Anzahl von Punkten wird ihm eine vorher vereinbarte Belohnung gewährt, beispielsweise ein gemeinsamer Kinobesuch mit den Eltern oder der Kauf eines Videofilms, den er sich sehnlichst wünscht. Tobias ist nun wesentlich motivierter, seine jeweiligen Aufgaben zu erledigen. Wenn er Schwierigkeiten dabei hat, lernt er, sich zusätzlich selbst zu motivieren, um seine Konzentration aufrechtzuerhalten. Nach ein paar Monaten hat sich die Konzentrationsfähigkeit von Tobias merklich verbessert. Schließlich bekommt er keine Belohnungen mehr für seine Leistungen. Das Lernen eines neuen Verhaltens vollzieht sich über drei Schritte: Wiederholung des neuen Verhaltens, das schließlich zu einem gewohnheitsmäßigen Verhalten wird, und die Verankerung in die Persönlichkeitsstruktur. In der Pubertät wird die Anwendung solcher Belohnungsprogramme unter Umständen schwierig, da es hier zu »Erpressungsversuchen« seitens des Jugendlichen kommen kann, der das Lernen einstellt, sobald seine Wünsche nicht mehr erfüllt werden.

Für den Alltag ist wichtig zu beachten, dass die Konzentration dort, wo sie bei Kindern mangelhaft ist, unbedingt trainiert werden sollte. Dies kann bei kleineren Kindern mittels gemeinsamer Spiele mit den Eltern geschehen, die nicht nur Vergnügen machen, sondern auch die Konzentration steigern helfen (z.B. Spiele wie Memory, Bildzuordnungsspiele, Puzzles). Unterstützt durch Belohnungen, die jedoch nicht das Ausmaß wie beim eben geschilderten Fall annehmen müssen, kann die Motivation des Kindes zusätzlich gestärkt werden.

Handlungsschritte für die 7. Strategie:

- Mit Kindern ausgiebig spielen und ggf. über das Spiel die Konzentration schrittweise erhöhen
- Belohnungen als Unterstützung zur Motivation verwenden
- Regelmäßiges Loben bei Erfolg
- Trösten bei Misserfolg
- Mut zusprechen
- Aufgaben im Haushalt übertragen, die eine gewisse Konzentration erfordern
- Darauf achten, dass Aufgaben regelmäßig zu Ende geführt werden

Identitätsmerkmale:

- Erkennen der eigenen Leistungsfähigkeit
- Leistungsgrenzen erkennen, erweitern
- Gewinnen von Selbstvertrauen

DIE 8. STRATEGIE: Phantasie

Die Förderung der Phantasie ist die Förderung eines Bewusstseins, das sich an inneren, selbsterzeugten Bildern und Vorstellungen orientiert. Die Fähigkeit zur Phantasie schafft damit einen Schutz vor der Bequemlichkeit, sich ausschließlich bzw. vordringlich an die äußeren, fremderzeugten Bilder und Vorstellungen der Medien zu orientieren. Phantasie fördert die Eigenaktivität des Kindes. Das Erzeugen von Ideen und damit letztlich von Kreativität, das »spielerische« Hineinversetzen in andere Personen und Situationen, das geistige Durchspielen von Problemen und Lösungen (→ **Flexibilität**) eröffnet eine Intensität der Selbst- und Fremdwahrnehmung, die vor geistiger Verflachung schützt.

Die **Förderung der Phantasie** ist somit eine weitere erzieherische Grundhaltung, die die Identitätsentwicklung von Kindern unterstützt.

Die elfjährige Jennifer malt sich in der Phantasie gerne Situationen aus und erfindet Geschichten, die sie ihren Eltern erzählt. Sie ermutigen ihre Tochter zu diesem Verhalten und finden ihren Einfallsreichtum positiv für ihre Entwicklung. Sie haben Jennifer schon in ihrer Kindheit dazu angeregt, ihre Phantasie zu gebrauchen. Schon als Sechsjährige erfand sie gerne Geschichten, die sie dann häufig mit ihren Puppen nachspielte. Ihre Freundinnen bewundern sie für ihre Einfälle beim Spielen. Und auch in der Schule ist Jennifer für ihre lebhafte Phantasie bekannt. Oft erfindet sie neue Spiele, die sie mit ihren Freundinnen dann ausprobiert.

Phantasieförderung im Alltag gehört in der Regel zu den leichtesten Dingen. Kinder lassen sich gerne auf Experimente ein und lassen sich für Geschichten und Spiele schnell begeistern, sofern ein Übermaß an Fernsehen, Computerspiele-Spielen oder phantasieerstickendem Spielmaterial sie noch nicht zu passiv hat werden lassen (→ **Begrenzung,** → **Zeit**). Kinder beginnen zwar ab ca. dem zweiten Lebensjahr, ihre Phantasie zu entwickeln, doch diese Phantasie, die ausgebildet werden soll – als Spiel mit den eigenen Innenbildern, das das Verhältnis zur eigenen Person vertieft und die Reflexionsfähigkeit unterstützt –, bedarf eines ständigen »Trainings«.

Eine Möglichkeit dazu stellt die Begrenzung des Spielmaterials dar und die Bevorzugung von einfachem Spielmaterial, das das Kindes anregt, sich intensiver mit dem Spielzeug zu beschäftigen. In der Phantasie werden dann beispielsweise Figuren zu Personen, die sie verkörpern sollen (wie etwa Supermann, Batman, Darth Vador etc.). Die vollausgerüstete, mit einem Ersatzteillager ausgestattete Originalfigur erstickt die Phantasie des Kindes. Auch das Vorlesen von Geschichten fördert die Eigenproduktion von Innenbildern, so dass beim Erzählen der Geschichten die Figuren, die Landschaft, die Handlung im Kopf des Kindes lebendig wird.

Die Langeweile ist ebenfalls ein Mittel zur Bildung der kindlichen Phantasie. Viele Kinder können heutzutage nicht mehr mit ihr umgehen. Sie ist ihr größter Feind. Kinder wollen ständig beschäftigt sein, fordern, dass Eltern mit ihnen spielen oder sie fern sehen dürfen. Es ist wichtig, dass Kinder sich nicht ständig ablenken lassen, sondern lernen, Langeweile zu ertragen. Das regt die Phantasie an – wenn auch häufig nicht sofort. Nach einer mehr oder weniger intensiven Phase des Jammerns, Quengelns, Weinens bleibt ihnen nichts anderes übrig, als das Beste aus der langweiligen Situation zu machen. Sie beginnen, sich etwas auszudenken. Kin-

der brauchen Situationen, in denen sie auf sich selbst zurückgeworfen sind, um sich ihre eigene innere Welt aufzubauen, die ihnen hilft, in sich Ordnung zu schaffen.

Extreme Reizarmut ist tödlich für die psychische Entwicklung eines jeden Kindes, extreme Reizüberflutung
ebenfalls. Reizarmut in Maßen jedoch kann sich durchaus
positiv auswirken. Kinder können sich mit sich selbst beschäftigen, wenn sie es gelernt haben. Und dann können sie
sogar aus einer Handvoll Zucker eine faszinierende Spiel-
welt erschaffen.

Handlungsschritte für die 8. Strategie:

- Sinnvolle Begrenzung des Spielmaterials und einfa-
  ches Spielmaterial
- Regelmäßig Geschichten vorlesen
- Dazu anregen, Geschichten zu erfinden, Spiele zu
  erfinden
- Langeweile ertragen lassen
- Fernseh- und Computerzeiten begrenzen

Identitätsmerkmale:

- Beschäftigen mit Innenbildern
- Sich spielerisch ausprobieren und dabei neue Ver-
  haltensmöglichkeiten kennen lernen
- Aufbau einer eigenen inneren Welt

Die 9. Strategie: Reflexion

Über sich selbst nachdenken zu können ist eine Kunst und nichts, das sich ohne Anstrengung einstellt. Es setzt zunächst voraus, dass es einem Individuum gelingt, sich selbst zum Gegenstand der Betrachtung bzw. Analyse machen zu können. Ab ca. dem fünften bis sechsten Lebensjahr sind Kinder dazu in der Lage, über ihr eigenes Verhalten vermehrt nachzudenken. Zunehmend können sie über den Vergleich ihrer Fähigkeiten mit den Fähigkeiten anderer sich diesbezüglich besser einschätzen und beurteilen. Aber alleine diese Erkenntnisse beinhalten noch nicht die ganze Spannbreite einer Fähigkeit zur Reflexion. Nachdenken, ob nun über sich selbst, über Dritte oder Situationen, ist ein Prozess, der Zeit, Konzentration (→ **Konzentration**) und auch ein System des Nachdenkens erfordert, d.h. eine Art innerer Gliederung, die das Nachdenken ordnet. So kann das Über-sich-und-andere-Nachdenken auch ungeordnet sein, indem innere Bilder oder Satzfetzen einander ablösen, ohne dass darin eine Struktur erkennbar ist, die zu einer Erkenntnis oder zu einer Lösung führt.

Ein hohes Maß an Reflexionsfähigkeit wird heute und vor allem in naher Zukunft – sowohl privat als beruflich – von Menschen abverlangt werden. Sie ist die Vorbedingung dafür, sich einem Problem annähern und es lösen zu können. Die komplexen Aufgaben der Zukunft sind ohne diese Reflexionsfähigkeit nicht zu bewältigen. Die Zukunft wird vom Menschen einfordern, dass er die Fähigkeit zur Reflexion souverän anwenden kann, so wie ein Pianist die Klaviatur seines Instruments wie im Traum beherrscht.

Es ist nicht allein die Aufgabe der Eltern, ihre Kinder zur Reflexionsfähigkeit zu erziehen. Dies ist insbesondere eine

Aufgabe der Schule (→ **Flexibilität**), so dass Heranwachsende lernen, sich selbst in ihrer Meinungsbildung und in der Bewertung und Erweiterung ihres Wissen »ständig« zu hinterfragen. Bei dieser Basisstrategie ist es jedoch wichtig, dass Eltern ihren **Kindern helfen, ihre Reflexionsfähigkeit auszubauen**. Dies stellt somit die nächste erzieherische Grundhaltung für Eltern dar.

Der fünfzehnjährige Marc sorgt sich sehr um sein Aussehen. Er findet sich hässlich, ohne es zu sein. Das führt dazu, dass er sich nicht traut, Mädchen anzusprechen, die er nett findet. Sein Vater fragt ihn, warum er von seiner Hässlichkeit überzeugt sei, doch Marc gibt darauf keine Antwort. Er weiß es einfach. Sein Vater gibt sich nicht damit zufrieden. Es dauert lange, bis Marc sein Problem differenzierter beschreiben kann. Er vergleicht sich mit einigen Popstars und zwei Jungen aus seiner Klasse, die seiner Meinung nach gut aussehen. Sein Vater diskutiert mit ihm darüber, ohne ihn dabei zu bevormunden und ihm seine Ansicht ausreden zu wollen. Sie sprechen über die Maßstäbe von Schönheit und Hässlichkeit. Der Vater fragt Marc, ob er Jungen kennt, die er für hässlich hält und die dennoch Freundinnen haben. Marc kann einige davon nennen. Sein Vater versucht, den einseitigen Standpunkt seines Sohnes zu relativieren.

Ob Marc sich darauf einlassen kann, hängt nicht zuletzt von der Intensität seiner Überzeugung ab, hässlich zu sein. Aber über diesen Prozess der Reflexion – dem Erhellen der Muster, die bisher im Dunkeln lagen und seine Einstellung geprägt haben – wird Marc der Hintergrund seiner Annahmen klarer. Der Vater regt seinen Sohn dazu an, sich intensiver mit seinen Gedanken und Gefühlen auseinander zu setzen, sie gezielt zu hinterfragen und sie nicht als unveränderbar zu akzpetieren.

Für Eltern ist es wichtig, ihre Kinder regelmäßig dazu aufzufordern, ihr jeweiliges Verhalten zu reflektieren. Fragen wie »Warum tust du das?«, »Warum denkst du das?« und bei diesen Fragen hartnäckig auf Antworten zu bestehen, wenn sie sich dieser Selbstbeschau entziehen wollen, sind eine gute Möglichkeit, die Auseinandersetzung mit dem eigenen Denken, Fühlen und Handeln zu schulen. Die Antworten, die die Kinder geben, müssen Eltern nicht unbedingt gefallen. Aber es sind Erklärungen, die ihrem ganz individuellen Erfahrungshintergrund bzw. ihrer Erlebniswelt entsprechen. Eltern sollten versuchen, sie zu akzeptieren oder mehr über die Hintergründe zu erfahren, damit sie für sie verständlicher werden. Von entscheidender Bedeutung ist jedoch, zur Reflexion anzuregen.

Handlungsschritte für die 9. Strategie:

- Warum-Fragen stellen
- Feststehende Aussagen in Frage stellen
- Mit den Kindern alternative Lösungen suchen
- Sanfte Konfrontation mit Widersprüchen

Identitätsmerkmale:

- Vertiefte Auseinandersetzung mit der eigenen Person
- Gewinnen eines umfassenden Verständnisses der eigenen Verhaltensweisen

Die 10. Strategie: Sozialität

Kinder müssen zu sozialem Verhalten erzogen werden. Sie sind nicht von Natur aus sozial. Sozialität bildet sich nur im Zusammenleben zwischen Menschen heraus. Kinder müssen in die Regeln des Zusammenlebens zwischen Menschen eingeführt werden und in diesem Zusammenhang lernen, auf andere Rücksicht zu nehmen und im Interesse anderer Verzicht zu üben, wie ich dies in meinen Büchern *Die Schlaraffenlandkinder* und *Endstation Schlaraffenland* beschrieben habe.

Erziehung zur Sozialität beginnt schon früh. Sie beginnt dort, wo Kinder die Erfahrung machen können, dass nicht alle ihre Wünsche erfüllt werden und sie nicht ständig im Mittelpunkt der Familie oder anderer Menschen stehen. Kinder, die nur die Befriedigung ihrer Wünsche und Bedürfnisse im Auge haben, werden mit der Zeit eine unsoziale Mentalität bzw. Schlaraffenland-Mentalität ausbilden, die sich häufig insbesondere den engsten Bezugspersonen gegenüber zeigt. Sie ist nicht selten geprägt durch Maßlosigkeit, Ichbezogenheit, Launenhaftigkeit, Rücksichtslosigkeit und Selbstgefälligkeit. Aus der Sicht dieser Kinder existieren andere Menschen nur, um für sie da zu sein.

Die erzieherische Grundhaltung bei dieser Strategie ist, **Kindern begreiflich zu machen, sich nicht auf Kosten ihrer Eltern und Freunde durchzusetzen und die Wünsche und Bedürfnisse Dritter zu respektieren.**

Die siebenjährige Anna-Christine lässt ihrer Mutter kaum eine ruhige Minute. Sie unterbricht prinzipiell Telefongespräche oder Unterhaltungen, die ihre Mutter mit ihren Gästen führt. Anna-Christine nimmt nicht die geringste Rücksicht auf ihre Mutter. Die Mutter hat Angst, ihre Tochter zu kränken, wenn sie ihr Einmischungen verbietet. Mehr als sie – vergeblich – zu bitten, sie nicht zu stören, hat die Mutter bisher nicht unternommen. Sie bemerkt jedoch, dass ihre Tochter in der Schule keine Freunde hat. Die anderen Kinder meiden sie, weil sie sich überall in Gespräche einmischt und ständig versucht, die Aufmerksamkeit der Lehrerin auf sich zu ziehen. Die Mutter lernt schließlich, dass sie Anna-Christine keinen Gefallen tut, wenn sie ihrem Verhalten nicht Einhalt gebietet. Sie erklärt ihrer Tochter, dass sie in Zukunft ungestört telefonieren und mit ihren Gästen reden möchte und dass sie von nun an ihr bisheriges Verhalten nicht mehr dulden wird.

Wie erwartet lässt sich Anna-Christine nicht davon abschrecken. Konsequent entfernt die Mutter ihre Tochter aus dem Zimmer, wenn sie telefoniert oder mit Gästen zusammen ist. Anna-Christine lernt nicht aus Einsicht, auf die Bedürfnisse ihrer Mutter Rücksicht zu nehmen, sie lernt es darüber, ihr Verhalten zu verändern. Dabei löst sich mit der Zeit ein verhängnisvoller Kreislauf, der die Atmosphäre zu Hause und auch in der Schule vergiftet hat. Anna-Christine erfährt jetzt mehr Wertschätzung von ihrer Mutter, ihren Klassenkameraden und der Lehrerin, da sie sich nicht mehr so aufdringlich benimmt. Sobald sie früher bemerkte, dass die anderen auf ihre Kontaktversuche negativ reagierten, strengte sie sich noch mehr an, die von ihr begehrte Aufmerksamkeit zu bekommen – was die anderen dazu veranlasste, noch verärgerter zu reagieren. Eine Lösung für dieses Dilemma kannte Anna-Christine nicht, jetzt hat sie eine Alternative. Eine Alternative, die ihr die Aufmerksamkeit bringt, die sie benötigt – aber nicht mehr auf Kosten anderer.

Kinder müssen lernen, dass ihren Wünschen Grenzen (→ **Grenzen**) gesetzt sind. Aus der zunächst mehr antrainierten Rücksichtnahme auf die Bedürfnisse anderer, entwickelt sich mit der Zeit ein Bewusstsein und ein Verständnis für die Sozialität. Eine soziale Einstellung zu entwickeln ist das Ergebnis eines langen Erziehungsprozesses. Die Fähigkeit, sozial zu handeln, ist insbesondere im Berufsleben als eine so genannte Schlüsselqualifikation von großer Bedeutung. Nur wenn Individuen dazu in der Lage sind, zusammenzuarbeiten und sich aufeinander einzustellen, sind sie team- und kooperationsfähig.

Deshalb ist die Erziehung zum sozialen Verhalten – das später bestenfalls zu einer geistigen Haltung wird – ein wesentlicher Faktor bei der Herstellung von Beziehungsfähigkeit. Kinder, die eine soziale Mentalität ausbilden, sind glückliche Kinder. Sie erfahren ihren persönlichen Wert darüber, dass sie sich aktiv in ihre Familie einbringen. Sie stehen nicht außerhalb der Familie, sie sind Teil der Familie. Dies gibt ihnen eine Ortsbestimmung, eine Orientierung, die ihnen zeigt, welchen Stellenwert sie innerhalb dieser Gemeinschaft haben (→ **Orientierung**). Über das Einfügen in die Gemeinschaft leisten sie Beiträge zum Erhalt und zum Funktionieren dieser Gemeinschaft. Hierüber erfahren sie u.a., wer und was sie sind. Das Lob der Eltern und das Gefühl, Teil einer Gemeinschaft zu sein, sind wichtige Erfahrungen, um die eigenen sozialen Fähigkeiten zu entdecken und bewerten zu können.

Sozialität einzuüben geschieht nicht nur über die Eltern. Es geschieht im Kindergarten, in der Schule und vor allem im Freizeitbereich, wenn Kinder voneinander lernen. Hier lernen sie, sich in Gruppen einzufügen. Deshalb ist es für die Ausbildung sozialer Fähigkeiten wichtig, Kinder so früh wie möglich in Kontakt zu anderen Kindern treten zu lassen.

Handlungsschritte für die 10. Strategie:

- Erziehen zur Rücksichtnahme und zu angemessenem Verzicht
- Möglichst früher Kontakt zu Gleichaltrigen
- Grenzen ziehen

Identitätsmerkmal:

- Sich selbst im sozialen Umfeld kennen lernen
- Soziale Fähigkeiten ausbilden

Die Ergänzungsstrategien

DIE 11. STRATEGIE: Lesen und Schreiben

Lesen und Schreiben sind Grundfertigkeiten unserer Kultur. Über sie können wir an den vielfältigen Erkenntnissen der Vergangenheit, Gegenwart und Zukunft teilhaben. Lesen und Schreiben sind jedoch nicht nur reine Techniken, die erlernt werden, sie sind vor allem die Voraussetzung für die Entwicklung des Denkens im Allgemeinen, der Reflexionsfähigkeit (→ **Reflexion**) und der Phantasie (→ **Phan-**

tasie). Nur darüber gelingt es letztlich, ein differenziertes Bewusstsein vom eigenen Inneren, von der eigenen Identität hervorzubringen.

Ohne eine Lese- und Schreibkultur, die über die Grundlagen hinausgeht, können Menschen ihren Gedanken keine bleibende Form geben. In Kulturen, die Lesen und Schreiben nicht kennen, gibt es nicht die Möglichkeit, ausgesprochene Worte intensiv zu analysieren. Das gesprochene Wort verfliegt in dem Moment, in dem es ausgesprochen wird. Man kann sich daran erinnern, aber nur ungefähr, und je weiter das gesprochene Wort zeitlich zurückliegt, desto mehr wird es bei jeder Erinnerung erneut verzerrt.

Das Lesen eines Textes hingegen gibt Individuen die Möglichkeit, im Text zurückzugehen, innezuhalten, über das jederzeit verfügbare geschriebene Wort nachzudenken. Es kann regelrecht zerlegt werden. Man kann einen Gedanken umformulieren, ihn in aller Ruhe von verschiedenen Seiten betrachten. Es besteht die Möglichkeit, sich in einen Satz zu vertiefen, ihn in Frage zu stellen. Man kann nachsehen, ob an einer anderen Stelle das bisher Unverständliche erklärt oder verdeutlicht wird. Man kann zwischen mehreren Texten, die das gleiche Thema zum Inhalt haben, vergleichen. Das alles braucht Zeit. Aber nur so ist es möglich, zu reflektieren und nicht nur im Gefühl eines Eindrucks zu verharren. Dies alles schult das Denken auf eine Weise, wie es Fernsehen und Computerspiel niemals können. Nur über das Lesen und Schreiben können sich Menschen eines Gedankens bemächtigen, ihn festhalten und ihn sich zu Eigen machen.

Wir selbst sind ein innerer Text, der aus Überzeugungen und Ansichten besteht und bei Bedarf aus unseren Gedächtnisspeichern abgerufen und analysiert werden kann.

Wir lesen in uns selbst wie in einem Buch und finden Fähigkeiten, die es uns ermöglichen, uns selbst zu beschreiben. Identität ist in diesem Sinne die Fähigkeit, sich festzuschreiben. Es geht um das Fixieren, um das Festhalten des sich ansonsten Verflüchtigenden, das keine Spur mehr in uns hinterlässt, auf der wir Anschauungen und Einstellungen aufbauen könnten. Keine differenzierte Lese- und Schreibkultur zu haben heißt, sich selbst ständig zu verflüchtigen. Sich selbst nicht am inneren Texten festhalten bzw. orientieren zu können und damit identitätslos zu sein. Dies ist das Problem vieler Jugendlicher, die ohne intensives Lesen und Schreiben in einer medial verdrahteten Welt aufwachsen. Es sind Jugendliche, denen die Fähigkeit fehlt, in einem gedruckten Text selbst offensichtlichste Zusammenhänge oder Widersprüche zu erkennen, und die die Sprache nur noch zum Austausch von Trivialitäten benutzen.

Die siebzehnjährige Janette schreibt seit ihrem zwölften Lebensjahr Tagebuch. Dort hält sie ihre Gedanken fest, ihre Gefühle, ihre Ansichten. Sie vergewissert sich über das Formulieren ihrer Gedanken ihrer eigenen Existenz. Das Schreiben hat ihr geholfen, sich über den ersten Liebeskummer zu retten und Ärger mit den Eltern und Freunden zu ertragen. Sie arbeitet an sich, wie man mit einem Text arbeitet, den man verstehen will. Ihre Identität ist komplex und hoch differenziert. Sie ist ein kritischer und nachdenklicher Mensch. Sie liest viel. Doch sie ist keine Leseratte wie ihre beste Freundin, aber sie findet in der Literatur Anregungen für ihr eigenes Verhalten und Denken.

Kinder zum Lesen anzuregen ist nicht weiter schwer, sofern sie noch offen dafür sind. Wenn sie in den Schulen Lesen und Schreiben lernen, sind sie häufig noch neugierig auf das geschriebene Wort. Sie wollen den Text zu ihren Bilderbüchern und Comics und später die Geschichten verstehen, die man ihnen vorliest. Es macht sie stolz, Lesen und Schreiben zu können, wenn man sie entsprechend motiviert. Die großen Gegner sind auch hier der Computer, der Supernintendo, die Playstation, der Gameboy, der Fernsehapparat. Dies alles macht Vergnügen, ohne sich allzusehr anstrengen zu müssen. Die einzige Möglichkeit, um diesen negativen Einfluss auf die Psyche von Kindern zu reduzieren, besteht darin, den Zugang zu diesen Medien zu begrenzen (→ **Begrenzung**).

Die erzieherische Grundhaltung bei dieser Strategie kann also nur sein, **Kinder zum Lesen und Schreiben anzuregen und den Konsum potentiell schädlicher Medien einzuschränken.**

Das Schreiben von Texten ist ein hervorragendes Reflexionsinstrument. Es zwingt einen geradezu, seine Gedanken zu ordnen, sie zu kontrollieren und zu differenzieren. Insbesondere in der Schule lernen Kinder über das Schreiben von Aufsätzen und im schriftlichen Zusammenfassen von Ideen, ihren Geist zu trainieren. Lesen und Schreiben sind ein unerlässliches Werkzeug zur Schulung des Denkens.

Handlungsschritte für die 11. Strategie:

- Zum Lesen anregen (über Bilderbücher, Comics, Abenteuergeschichten, Krimis etc.)
- Zum Schreiben anregen (Gedanken aufschreiben, Tagebuch führen)
- Fernseh- und Computerzeiten begrenzen

Identitätsmerkmale:

- Reflexion des eigenen Selbst
- Erschaffen von inneren Texten

DIE 12. STRATEGIE: Orientierung

Kinder brauchen Maßstäbe, an denen sie sich orientieren können. Orientierungspunkte zu haben bedeutet für ein Kind, dass es sich in einem mehr oder weniger fest umrissenen Bezugsrahmen bewegt, das seinem Verhalten eine Richtung gibt. Orientierungspunkte sind Markierungen in einem ansonsten »unendlichen« Raum an Möglichkeiten. So wie ein Leuchtturm Schiffen einen Orientierungspunkt liefert, liefern Maßstäbe einem Kind Orientierung, wie es sich verhalten soll. Das Gehirn als ein Ordnung herstellendes System ist auf diese Markierungen angewiesen, die Kinder im nötigen Umfang noch nicht selbst herstellen können. Deshalb benötigen sie im Besonderen ihre Eltern, die ihnen Ordnungen geben und vorleben (→ **Grenzen**, → **Begrenzung**).

Die Sprache ist hierbei ein Medium der Orientierung. Kinder lernen schnell die Bedeutung von Ja und Nein kennen. Über die Sprache sind sie dazu in der Lage, Verhaltensweisen zu unterscheiden, die von den Eltern als positiv oder als negativ bewertet werden. Je eindeutiger Eltern mit ihren Kindern kommunizieren, umso besser können diese sich an ihnen orientieren.

Unklare Verhaltensregeln der Eltern ihren Kindern gegenüber führen zu Verwirrung der Kinder. Kindern zu vermitteln, dass sie nicht lügen und nicht stehlen sollen, ihre Eltern nicht beschimpfen, anderen Kindern nicht Schaden zufügen dürfen, Rücksicht auf die Bedürfnisse anderer zu nehmen haben, sind Markierungen, die Klarheit geben. Für Relativierungen haben Kinder zunächst noch kein Ohr. Sie wollen Klarheit, ein Ja oder ein Nein, ein Richtig oder ein Falsch. Sie benötigen klare Regeln und Grenzen. Erst im Laufe ihrer weiteren psychischen Entwicklung machen sie zunehmend die Erfahrung, dass bestimmte Regeln nicht starr, sondern veränderbar und auslegungsbedürftig sind.

Für Eltern bedeutet dies als Grundhaltung, den **Kindern zunächst klare Orientierungspunkte zu liefern und ihnen spätestens ab der Pubertät dabei zu helfen, ihre eigenen Orientierungspunkte zu schaffen**.

Der dreijährige Oliver wohnt an drei Tagen in der Woche bei seiner Mutter und vier Tage bei seinem Vater. Die Eltern sind geschieden und haben sich darauf geeinigt, ihr Kind in zwei voneinander getrennten Haushalten zu erziehen. Beide Elternteile wohnen bereits mit neuen Partnern zusammen. Jedesmal, wenn Oliver von einer Wohnung in die andere gebracht wird, tobt er, schreit, wirft sich auf den Boden. Nach ca. einem Tag hat er sich dann beruhigt, um bei dem nächsten Wohnortwechsel in gleicher aggressiver Weise zu reagieren. Neben allen anderen Problemen, die in dieser Trennungsfamilie vorherrschend waren, war es insbesondere der regelmäßige Wechsel der Aufenthaltsorte, der Oliver überforderte. Er wusste nicht, wo er wirklich zu Hause war. Sowohl bei seinem Vater als auch bei seiner Mutter war eine andere Person, die er noch nicht lange kannte. In beiden Wohnungen hatte er ein Zimmer. In beiden Wohnungen hatte er Spielsachen. Oliver wurde damit nicht fertig. Was er brauchte, war eine eindeutige Orientierung, das Wissen, wo sein Zuhause war. Als die Eltern sich einigten, dass Oliver nur noch am Wochenende zu seiner Mutter sollte, beruhigte sich Oliver langsam. Er entwickelte ein Bewusstsein davon, wo er zu Hause war und das Toben und Schreien schränkte sich ein, bis es schließlich ganz aufhörte.

Orientierung bedeutet für Kinder, zunächst klare Grenzen gesetzt zu bekommen, mit ebenso klaren humanen Werten und Normen konfrontiert zu werden und im Laufe der Pubertät zu lernen, sich selbst Werte und Normen zu schaffen, denen man sich verpflichtet fühlen kann. Orientierungen zu haben ist in unserer Zeit deshalb von großer Bedeutung, weil Kinder bereits in der Vorpubertät und spätestens ab der Pubertät vermehrt wahrnehmen, dass die sie umgebende Welt alles andere als eindeutig und klar ist. Zu dieser Erkenntnis kommen Heranwachsende fast zwangsläufig, je mehr sich der Blick auf die Umwelt erstreckt. Aufgrund ihrer geistigen Entwicklung können sie schließlich die Komplexität und das Chaos der Gesellschaft erkennen, obwohl dieses Erkennen sich mehr auf ein Erahnen und Erfühlen bezieht als auf ein Begreifen und einen entsprechenden Umgang damit. Der Halt, den verinnerlichte Werte, Normen und Grenzen als Markierungen für das aktuelle Verhalten geben, fungiert als ein nicht zu unterschätzendes Gewicht gegen die verwirrende Vielfältigkeit und Vieldeutigkeit der Welt.

Handlungsschritte für die 12. Strategie:

- Eindeutige Grenzen setzen
- Eindeutige Werte und Normen vermitteln
- Eindeutig mit Kindern kommunizieren

Identitätsmerkmal:

- Schaffen von Maßstäben für das Denken, Fühlen und Handeln

DIE 13. STRATEGIE: Zeit

In unserer heutigen betriebsamen und hektischen Welt Zeit zu haben ist fast schon ein Luxusgut. Keine Zeit zu haben bedeutet oft, von einer Beschäftigung oder Tätigkeit zur nächsten zu wechseln. Kinder sind häufig genauso in den Zeitstress eingebunden wie Erwachsene. Sie haben Termine, Verabredungen, die regelmäßig einzuhalten sind. Da ist der Kindergeburtstag, das Training im Sportverein, die Zeit für Hausaufgaben, für das Fernsehen, das Spielen mit dem Computer, der Besuch bei Freunden, das Schwimmengehen mit der Mutter ...

Kinder werden viel zu früh an eine enge Terminplanung herangeführt und an ein Leben, das sie als berufstätige Erwachsene in der Regel werden führen müssen. Zeit für sich selbst zu haben heißt hingegen, sich mit »nichts« zu beschäftigen, keinem äußeren oder inneren Beschäftigungsplan zu folgen. Dazu gehören das Faulenzen, das Ausruhen, das Schlafen aus Vergnügen ebenso wie inneren Bildern und inneren Texten als Tagträume freien Lauf zu lassen. In einer solchen Zeit erlebt ein Erwachsener und auch ein Kind, dass Ruhe einkehrt – eine nötige Ruhe, die als ein wirkungsvoller Stresskiller fungiert. So betrachtet ist das »Nichtstun« keine unproduktive Zeit. Lernen Kinder nur die Bewegung, die ständig Hektik und Beschleunigung kennen, entgeht ihnen die wichtige Erfahrung, dass man erst in der Stille und damit in der Besinnung mehr über sich erfährt als im Lärm und in der Getriebenheit.

Die Grundhaltung der Eltern ist hier, **den Alltag von Kindern nicht zu verplanen**, damit diesen ausreichend Zeit fürs Nichtstun bleibt.

Die dreizehnjährige Susan hetzt von einem Termin zum anderen. Sie lernt Tennis und nimmt seit Jahren Ballettunterricht. Das sind vier Tage Training in der Woche. Seit einiger Zeit nimmt Susan noch Blockflötenunterricht, weil sie sehr musikalisch ist. Sie ist eine gute Schülerin, sie lernt fleißig und regelmäßig. Nur in Englisch ist sie lediglich durchschnittlich, weshalb sie einmal pro Woche Nachhilfeunterricht erhält. Die Eltern von Susan sind beide beruflich stark eingespannt. Sie bemerken nicht, dass ihre Tochter unter dem Stress leidet. Immer häufiger hat sie Bauchschmerzen und Schwindelanfälle, doch die Ärzte stellen nichts Organisches fest. Die Eltern erkennen schließlich, dass sie Susan überfordert haben, was ihnen nicht leicht fällt. Tennis- und Blockflötenunterricht werden daher gestrichen. Zunächst weiß Susan mit ihrer neu gewonnenen Freizeit nichts anzufangen und füllt die Leere mit Lernen. Die Bauchschmerzen bleiben. Mit Hilfe ihrer Eltern gelingt es ihr, sich anders zu orientieren. Sie trifft sich häufiger mit Freunden, »hängt ab«, wie sie es ausdrückt. Immer öfter liegt sie abends im Bett und beschäftigt sich mit nichts, stöbert ab und zu in Zeitschriften. Ihre Bauchschmerzen und ihr Schwindel lösen sich auf.

Der Alltag von Kindern sollte durch immer wiederkehrende Zeiten der Ruhe und Stille geprägt und mit Tätigkeiten gefüllt sein, die im produktiven Nichtstun Nährboden für die Bewältigung der nächsten Anforderungen sind. Eltern sollten sich die Tages- und Wochenplanung ihrer Kinder genau ansehen und sie dahingehend korrigieren, dass aus Belastung nicht Überlastung wird.

Handlungsschritte für die 13. Strategie:

- Die Termine der Kinder regelmäßig auf Überlastungsfaktoren prüfen
- Unterstützung »freier Tätigkeiten« wie Ausruhen, Faulenzen, Spielen mit Freunden

Identitätsmerkmale:

- Zeit zur Besinnung
- Beschäftigung mit sich selbst

DIE 14. STRATEGIE: Motivation

Sich selbst motivieren zu können ist eine Fähigkeit, die insbesondere in problembeladenen und krisengeschüttelten Zeiten von herausragender Bedeutung ist. Das Ertragen von Frustrationen, von Krisen und Belastungen setzt voraus, dass ein Mensch gelernt hat, beim Auftreten von Schwierigkeiten nicht zu resignieren. Sowohl die Stabilität und Qualität der Basisfähigkeiten als auch die darauf aufbauenden Fähigkeiten wie Selbstvertrauen (→ **Selbstvertrauen**) und die Bildung von Interessen (→ **Interessen**) sind Faktoren, die entscheidend dazu beitragen, sich bei

Niederlagen und Schwierigkeiten entsprechend motivieren zu können und psychisch belastende Phasen durchzustehen.

Das Aufbauen der Fähigkeit zur Selbstmotivation zu unterstützen beginnt schon dort, wo ein Kind beispielsweise einen Holzturm nicht zu Ende baut, weil er immer wieder in sich zusammenstürzt. Stellvertretend für das Kind kann ein Erwachsener es dazu motivieren, nicht aufzugeben und weiterzumachen. Er ermutigt das Kind, er tröstet es, damit es sich beruhigt, und fordert es schließlich auf, seine Tätigkeit zu beenden. In seinem Stellvertreterverhalten ist der Erwachsene ein Modell, an dem sich das Kind orientieren kann. Motivation basiert nicht zuletzt auf der Fähigkeit, sich selbst Mut zusprechen zu können – ein Dialog, der mit sich selbst geführt wird. Der Erwachsene formuliert das, wozu das Kleinkind in dieser Form noch nicht fähig ist.

Kinder sollten lernen, sich Mut zu machen. Manchmal kann man beobachten, wie Kinder Selbstgespräche führen und dabei ihr momentanes Tun kommentieren und bewerten. Mit der Zeit werden diese Dialoge bzw. Monologe nicht mehr laut geführt, sondern in das eigene Innere verlegt, wo sie nun als eine Art innerer Dialog bzw. Monolog stattfinden. Diese inneren Dialoge bzw. Monologe prägen das Denken, Fühlen und Handeln eines Menschen, wenn sie immer wiederholt werden. Sich mehr oder weniger ständig Sätze wie »Ich schaffe das!«, »Ich gebe nicht auf!«, »Probiere das erst einmal!« zu sagen, führt mit der Zeit dazu, dass sie automatisch in jenen Situationen innerlich aufgerufen werden, wenn man sich mit einem Problem konfrontiert sieht. Auf der anderen Seite verselbständigen sich negativ geführte innere Dialoge bzw. Monologe auf die gleiche Weise. In diesem Fall kann ein Kind schon beim

Auftreten einer Schwierigkeit aufgeben, wohingegen ein Kind mit einer positiven Motivationseinstellung unbeschwerter und zuversichtlicher an das bestehende Problem herangehen kann (→ **Konzentration und Wille**).

Die erzieherische Grundhaltung bei dieser Strategie ist, **Kinder dazu anzuleiten, sich mit der Zeit selbst motivieren zu können**, wenn sie vor Schwierigkeiten stehen. Der zwölfjährige Markus hält sich für dumm. In der Schule verweigert er häufig die Mitarbeit, weil er der Überzeugung ist, dass er nichts vom dargebotenen Unterrichtsstoff versteht. Zu Hause traut er sich ebenfalls nicht sehr viel zu. Dabei liegt das Problem vorwiegend darin, dass Markus der Auffassung ist, dass er *sofort* bei jeder Aussage oder Frage verstehen muss, worum es geht. Er gesteht sich nicht die Zeit zu, das Gehörte oder Gelesene langsam und allmählich zu verstehen. Das frustriert ihn und lässt ihn an seinen Fähigkeiten zweifeln. Mühsam lernt Markus, Geduld zu haben, seine negative Annahme in Frage zu stellen und sich positiv zu motivieren. Er verändert allmählich seine inneren Dialoge und macht gleichzeitig die realistische Erfahrung, dass er den Unterrichtsstoff doch verstehen kann, wenn er sich ein wenig Zeit dafür lässt.

Für den Erziehungsalltag bedeutet die Ausbildung der Fähigkeit zur Selbstmotivation, dass Eltern ihre Kinder dort, wo es nötig ist, bewusst unterstützen sollten, sich selbst motivieren zu können. Zunächst sollten Eltern ihren Kindern bei schwierigen Aufgaben zur Seite stehen und sie stellvertretend für sie ermuntern und ihnen Trost zusprechen. Bei älteren Kindern kommt dann das Instrument der Reflexion hinzu, indem nun Schwierigkeiten systematisch analysiert und Lösungsmöglichkeiten erarbeitet werden (→ **Reflexion**, → **Kommunikation**).

Handlungsschritte für die 14. Strategie:

- Mut zusprechen, trösten
- Dazu anregen, sich selbst in schwierigen Situation Mut zuzusprechen
- Zu positiven inneren Dialogen anregen

Identitätsmerkmale:

- Die eigenen Grenzen erweitern
- Neue Möglichkeiten kennen lernen

DIE 15. STRATEGIE: Entspannung

Stress ist für die meisten Erwachsenen ein alltäglicher Begleiter geworden. Nichts anderes gilt für Kinder und Jugendliche. Die Kindheit als eine Phase beschaulicher Entwicklungen gehört für die modernen Industriegesellschaften schon seit längerem der Vergangenheit an. Termindruck, Leistungsdruck, Zukunftsängste, Versagensängste prägen auch das Leben eines Großteils der Kinder und Jugendlichen (→ **Zeit**). Diese alltäglich gewordenen Belastungen, die zu körperlichen Anspannungen führen, schaden dem Organismus. Kein Mensch kann auf Dauer Stress ertragen, ohne ihn nicht in irgendeiner Form abbauen zu müssen. Wer daher nicht lernt, Stress gezielt und effektiv zu reduzieren, wird früher oder später die entsprechenden psychischen oder psychosomatischen Folgen zu tragen haben. Sowohl Psyche als auch Körper benötigen Entspannungsphasen, die sie wieder regenerieren lassen.

Für die Etablierung einer Entspannungskultur bei Kindern Sorge zu tragen stellt für diese Strategie die erzieherische Grundhaltung dar.

Der elfjährige Marvin hat einen stressreichen Alltag. Er ist Gymnasiast und muss sehr viel für die Schule lernen, da er Schwierigkeiten hat, den jeweiligen Unterrichtsstoff zu verstehen. Die Lehrer hatten den Eltern abgeraten, Marvin auf ein Gymnasium zu schicken, da sie der Auffassung waren, dass er dort überfordert sei. In den ersten Jahren verläuft der Schulbesuch jedoch ohne nennenswerte Probleme. Aber dann fällt es Marvin zunehmend schwerer, dem Unterricht zu folgen. Zwar gelingt es ihm, den Anschluss nicht zu verlieren, seine Freizeit ist aber durch das viele Lernen stark eingeschränkt.

Hinzu kommt, dass Marvins Eltern beruflich unter Dauerstress stehen, so dass ihn nicht nur sein eigener Stress, sondern auch der seiner Eltern sehr belastet. Seit zwei Monaten ist Marvins Großvater, den er sehr liebt, im Krankenhaus. Jeden Tag kann die Nachricht kommen, dass er stirbt. Marvin reagiert psychosomatisch und hat häufig Kopfschmerzen und Alpträume. Hinzu kommt, dass der in der Regel eher friedfertige Marvin zunehmend aggressiv auf seine Umwelt reagiert.

Als die Eltern Marvins Problem erkennen, sind sie bemüht, seine Situation zu verbessern. Neben anderen Maßnahmen, die ihren Sohn im Alltag entlasten sollen, melden sie ihn für einen Entspannungskurs an. Dort lernt er, gezielt auf seinen Körper einzuwirken, wenn er sich überfordert und gestresst fühlt. Seine Kopfschmerzen werden immer seltener und verschwinden schließlich ganz.

Entspannung ist eine entscheidende Komponente im Kampf gegen den Alltagsstress. Entspannungsmöglichkeiten gibt es viele. Das können Massagen sein, die Eltern ihren Kindern geben – Berührungen, die sich auf den ganzen Körper erstrecken oder auf Teile des Körpers wie Gesicht und Rücken –, aber auch Traumreisen. Das sind imaginäre Reisen, die aus entspannenden inneren Bildern entstehen (→ **Phantasie**). Ebenfalls können spezielle Entspannungsgeschichten helfen, Stress gezielt abzubauen. Ein ganzes Sortiment an Möglichkeiten steht Eltern zur Verfügung, damit Kinder sich entspannen können. Selbst dort, wo es zunächst noch keine Notwendigkeit gibt, Entspannung zu lernen, ist es wichtig, sie Kindern näher zu bringen. Denn je älter diese werden, umso größer werden die an sie gestellten Anforderungen im Alltag sein. Wenn sie dann auf ihnen vertraute Methoden zurückgreifen können, die ihnen körperliche und geistige Entlastung bieten, haben sie einen entscheidenden Schritt getan, um später nicht an psychischen und psychosomatischen Störungen zu leiden.

Wichtig ist hierbei natürlich auch die Regelmäßigkeit. Denn nur die regelmäßige Durchführung von Entspannungsübungen garantiert zum einen auf Dauer einen stressfreieren Umgang mit Belastungen jeder Art und zum anderen einen schnelleren Erfolg bei akuten Belastungen.

Handlungsschritte für die 15. Strategie:

- Für Entspannungsmöglichkeiten sorgen (Massagen, Traumreisen, Entspannungsgeschichten ...)
- Entspannungsmethode einüben lassen und auf regelmäßige Durchführung achten

Identitätsmerkmale:

- Den eigenen Körper intensiver kennen lernen
- Besinnung

DIE 16. STRATEGIE: Selbständigkeit

Eine der wichtigsten und prägnantesten Erfahrungen, die Kinder in ihrem Leben machen können, ist die, Fähigkeiten zu entwickeln und sie als positiv zu bewerten (→ **Selbstvertrauen**). Dafür ist es nötig, dass sie ihre Fähigkeiten bzw. ihre sich entwickelnden Fähigkeiten einsetzen. Kinder können sich sehr schnell daran gewöhnen, von ihren Eltern verwöhnt zu werden, so dass sie nur ein Minimum an Selbständigkeit entwickeln. Genauso schnell gewöhnen sie sich aber auch daran, die Dinge des Alltags selbstverantwortlich zu erledigen. Allerdings nur dann, wenn sie nicht schon

vorher die für sie angenehme Erfahrung des ständigen Be-
dient-Werdens durch die Eltern gemacht haben.

Ein Kind zur Selbständigkeit zu erziehen heißt, es seinen
jeweiligen Fähigkeiten entsprechend in den Familienalltag
zunehmend einzubinden (→ **Sozialität**). Sobald Kinder
körperlich und geistig dazu in der Lage sind, ihr Butterbrot
zu schmieren, sich die Schuhe zu binden, sich alleine anzu-
ziehen, alleine zur Schule zu gehen, das eigene Zimmer
aufzuräumen und sauber zu halten, sollten sie diese und
ähnliche Tätigkeiten auch regelmäßig und alleine ausführen. Je älter Kinder werden, umso mehr kann man
ihnen Aufgaben im elterlichen Haushalt übergeben. Sie
sollten lernen, die Fenster ihres Zimmers zu putzen, ihre
Wäsche zu waschen, sie zu bügeln ... Das alles sind unverzichtbare Tätigkeiten, die die Selbständigkeit eines Kindes
und ihr Vertrauen in die eigenen Fähigkeiten erhöhen.

Die erzieherische Grundhaltung bei dieser Strategie
lautet, **Kinder anzuhalten, so früh wie möglich Selbständigkeit zu entwickeln und diese systematisch zu
trainieren.**

Der achtjährige Darius ist eng in den Familienalltag eingebunden. Er und sein gleichaltriger Bruder haben bestimmte Pflichten, z.B. das Aufräumen ihres Zimmers, das
Saugen der Wohnung, die Abfallbeseitigung, kleinere Ein-
käufe. Darius erfährt sich als Teil der Familie. Schon als kleines Kind haben seine Eltern darauf geachtet, dass Darius
und sein Bruder »ihren Kram« selbst erledigen. Für Darius
ist es eine Selbstverständlichkeit geworden, seinen Eltern
regelmäßig im Haushalt zu helfen. Er kennt nichts anderes
und ist sehr stolz darauf, was er schon alles kann. Etwas ver-
ächtlich spricht er von Spielkameraden, die sich in seinen
Augen manchmal wie »kleine Babys« anstellen. Die Eltern

164

begegnen Darius und seinem Bruder mit Respekt und bringen dies ihnen gegenüber offen zum Ausdruck.

Neben dieser mehr praktischen Selbständigkeit steht die geistige Selbständigkeit, die sich in der zunehmenden Unabhängigkeit von der räumlichen und geistigen Nähe zu den Eltern äußert. Dies kann der dreiwöchige Aufenthalt in einem Ferienlager sein, die Erfahrung, abends alleine zu Hause zu bleiben, alleine mit dem Bus zu fahren oder auch die wachsende Unabhängigkeit von den Ansichten der Eltern. Der zehnjährige Clemens hat in der Schule Probleme mit seinen Mitschülern. Sie hänseln ihn häufig wegen seiner Dickleibigkeit. Hinzu kommt, dass er seit seinem dritten Lebensjahr einnässt. Irgendwann entdeckt Clemens sein Interesse am Zugfahren. Er bittet seine Mutter, ihm einen Fahrplan zu besorgen, denn er möchte alleine mit dem Nahverkehrszug von einer Stadt in andere umliegende Städte fahren. Die Eltern haben Angst, dass ihrem Sohn etwas passieren könnte. Der gibt jedoch nicht auf, bis Vater und Mutter schließlich einverstanden sind. Sie instruieren Clemens genau, wie er sich zu verhalten hat. Er darf sich nicht von fremden Männern ansprechen lassen und muss, nachdem er einen Zielort erreicht hat, stets zu Hause anrufen. Clemens verspricht dies und hält es ein. Fast jeden Tag fährt er nun mit dem Zug, ohne das etwas passiert. Mittlerweile fährt Clemens auch weiter entfernt liegende Orte an.

Eltern können im Alltag viele Situationen nutzen, um die praktische wie die geistige Selbständigkeit ihrer Kinder zu fördern. Auf diese Weise bereiten sie diese optimal auf den Eintritt in das Erwachsenenleben vor. Das Maß an Selbstvertrauen (→ **Selbstvertrauen**), das Kinder über selbständige Tätigkeiten entwickeln, ist sehr hoch und hilft ihnen, sich selbst und ihre Fähigkeiten realistisch einzuschätzen.

Handlungsschritte für die 16. Strategie:

- Übertragen von Aufgaben, die Kinder ihrem Alter entsprechend übernehmen können
- Auf eine regelmäßige Durchführung der übertragenen Aufgaben achten
- Die räumliche und geistige Unabhängigkeit der Kinder von den Eltern unterstützen

Identitätsmerkmale:

- Fähigkeiten kennen lernen
- Einschätzen der Fähigkeiten und Möglichkeiten
- Verantwortung für sich übernehmen
- Selbstvertrauen aufbauen und stärken

DIE 17. STRATEGIE: Interessen

Interessen zu haben bedeutet, einen Schutzschild vor der Vielfältigkeit in unserer Gesellschaft zu entwickeln – man hält sie sich buchstäblich vom Leib, wenn auch nicht ganz. Die Welt wird dadurch nicht vergessen oder ignoriert. Ein Interessengebiet hilft lediglich, sie in ihrer Vielfältigkeit ein wenig besser zu ertragen. Es kann einem das Gefühl von relativer Überschaubarkeit und Kontrollierbarkeit und damit von Sicherheit in einem klar umrissenen Bereich vermitteln. Der Rückgriff auf ein Interessengebiet kann in den Zeiten einer Krise eine dringend benötigte Orientierungserfahrung vermitteln (→ **Orientierung**).

Jedes Kind sollte eine Beschäftigung, ein Hobby haben, dem es sich intensiv widmen kann, um der großen Welt der Unordnung eine kleine Welt der Ordnung gegenüberzustellen. Eltern können und sollten nicht versuchen, das Interessengebiet ihres Kindes zu bestimmen. Es muss seine eigenen Interessen finden, was in unserer heutigen Zeit mit seinen vielen Angeboten sicherlich nicht zu den einfachsten Dingen gehört. **Bei der Suche danach können Eltern behilflich sein und letztlich durch ihr konsequentes Verhalten dazu beitragen, dass das Kind sich dem ausgewählten Interessengebiet intensiv widmet.** Das ist die erzieherische Grundhaltung für diese Strategie.

Der fünfzehnjährige Tom ist nunmehr seit vier Jahren in einem Karate-Verein. Angeregt durch einen Film im Fernsehen wollte Tom diese Sportart unbedingt erlernen. Nach dem Schnupperkurs schien sein Interesse daran jedoch erloschen zu sein, da er feststellte, dass er nicht so gut wie sein Karate-Idol kämpfen konnte. Tom lässt sich schnell für eine Sache begeistern und verliert dann ebenso schnell das Interesse daran. Bisher hatten die Eltern ihm immer wieder erlaubt, aus den jeweiligen Sportvereinen auszutreten. Diesmal aber erlauben sie es ihrem Sohn nicht. Sie haben den Eindruck, dass ihm das Training trotzdem Spaß macht. Sie teilen ihm daher mit, dass er noch mindestens ein halbes Jahr zum Training gehen muss, bevor er aus dem Verein austreten darf. Tom ist damit überhaupt nicht einverstanden, aber er muss die Entscheidung seiner Eltern akzeptieren. Zunächst boykottiert er auf unterschiedliche Weise seine Teilnahme am Training. Seine Eltern bleiben jedoch bei ihrer Entscheidung. Nach ca. vier Monaten hat Tom so gute Fortschritte gemacht, dass er nicht mehr daran denkt, mit dem Karate-Training aufzuhören. Für ihn ist der Verein ein zweites Zuhause geworden; er hat ein kleines Amt übernommen und ist voll integriert.

Eltern sollten versuchen, die Neigungen bzw. Interessen ihrer Kinder zu erkunden – ob dies ein bestimmter Sport ist oder Musizieren oder Lesen ... Denn bei akuten Problemen können es die jeweiligen Interessengebiete sein, die ein Kind bei der Bewältigung dieser Probleme unterstützen. Sie geben ihm die subjektive Gewissheit, dass es wenigstens einen Bereich gibt, der stabil ist und ihnen einen inneren Halt zu geben vermag.

Handlungsschritte für die 17. Strategie:

- Herausfinden der Interessen des Kindes
- Dafür Sorge tragen, dass das jeweilige Interessengebiet beibehalten wird

Identitätsmerkmale:

- Innere Stabilitätsfindung
- Rückgriff auf einen Sicherheitsanker

Die 18. Strategie: Emotionalität

Zwischen zwei und fünf Jahren sind Kinder dazu in der Lage, Emotionen und mimische Ausdrücke anderer Menschen zu erkennen und allmählich zu benennen. Offensichtlich sind Menschen mit einem bestimmten Vorrat an emotionalen Reaktionen ausgestattet. So sind in unterschiedlichsten Kulturen die Gesichtsausdrücke bei Glück, Überraschung, Angst, Wut, Trauer und Ekel gleich. Ein Großteil der Emotionen wird allerdings erst durch die sprachlichen Bezeichnungen der Eltern definiert. Eltern benennen Emotionen und ermöglichen ihren Kindern auf diese Weise, die Vielfalt an Emotionen, die in unserem westlichen Kulturkreis üblich sind, zu unterscheiden. Als erstes wird jedoch die grundlegende Unterscheidung zwischen positiven und negativen Emotionen erlernt. Mit zunehmendem Alter begreifen dann Kinder, dass es vielfältige und gelegentlich sogar widersprüchliche Emotionen gibt. Aber erst mit neun bzw. zehn Jahren erkennen sie in der Regel das Prinzip der Ambivalenz, die Gleichzeitigkeit von zwei Gefühlen wie etwa Liebe und Hass oder Wut und Traurigkeit.

Neben diesem Prozess des Wahrnehmens und Erkennens von Emotionen gehört der Umgang mit den eigenen Gefühlen zu einer der schwierigsten Aufgaben in der Entwicklung eines Kindes. Sind Kinder nicht dazu in der Lage, ihre eigenen Emotionen zu kontrollieren, sind sie zu einem zielgerichteten Handeln außerhalb ihrer Lustempfindungen nicht oder nur unzureichend fähig. Dies wiederum bedeutet, dass sie von ihren momentanen Stimmungen abhängig sind bzw. werden und diese ihnen ein bestimmtes Verhalten mehr oder weniger diktieren.

Die erzieherische Grundhaltung ist, **Kinder einen Umgang mit ihren Emotionen erlernen zu lassen, der es ihnen ermöglicht, sich von ihnen nicht beherrschen zu lassen.** Die elfjährige Melanie reagiert in vielen Situationen – sowohl zu Hause als auch in der Schule – mit Wutausbrüchen. Sobald sie sich von Mitschülern bedroht oder sich von ihren Eltern und Lehrern unter Druck gesetzt fühlt, fängt sie an zu schreien und zu toben. Wenn sie keine Lust hat, ihre Hausaufgaben zu erledigen, reagiert sie in der gleichen Weise. Melanie bereut oft ihre Wutausbrüche und entschuldigt sich dann auch bei den Eltern und den Lehrern. Nur mühsam lernt sie, ihre emotionalen Ausbrüche schon beim Entstehen zu erkennen und ihre Wut, ihre Angst und Verzweiflung anders zum Ausdruck zu bringen als bisher. Mit der Zeit gewöhnt sie sich daran, über ihre Gefühle zu sprechen, sich körperlich und geistig zu entspannen statt wütend zu reagieren. Indem sie lernt, sich bei den Hausaufgaben selbst zu motivieren, und zusätzlich Belohnungen für erledigte Hausaufgaben erhält, gelingt es ihr, ihre Unlustempfindungen besser in den Griff zu bekommen.

Eltern sollten mit ihren Kindern über ihre eigenen Emotionen und über die ihrer Kinder sprechen (→ **Kommunikation**). Nur durch ständigen Austausch untereinander gelingt es, Kinder zu einem differenzierten Bewusstsein und zu einem differenzierten Umgang mit Emotionen anzuregen. Sobald sie widersprüchliche bzw. ambivalente Emotionen bei anderen und auch bei sich selbst wahrnehmen und dies sie verunsichert, sollte darüber gesprochen werden. Nur das Gespräch kann Aufklärung bringen und Erleichterung schaffen (→ **Reflexion**, → **Kommunikation**).

Handlungsschritte für die 18. Strategie:

- Über eigene Emotionen und die der Kinder sprechen
- Im (ständigen) Austausch hierüber bleiben

Identitätsmerkmale:

- Auseinandersetzung mit den eigenen Emotionen zum besseren Verständnis des Ich
- Auf- und Ausbau eines differenzierten Ich-Bewusstseins

DIE 19. STRATEGIE: Begrenzung

Das Überangebot an Spielmaterialien, Freizeitmöglichkeiten, Fernsehsendungen und Computerspielen macht es nötig, dass Eltern den Zugang dazu im Interesse ihrer Kinder regeln. Allerdings bedeutet Begrenzung nicht, die Welt in ihrer Vielfalt vor ihnen gänzlich auszusperren. Vielmehr geht es darum, den Auf- und Ausbau der Basisfähigkeiten optimal zu fördern. Und dies gelingt nur, wenn Kinder nicht durch den Überfluss von Reizen überfordert werden. Begrenzung heißt zum einen, jeder Einseitigkeit bei der Beschäftigung entgegenzuwirken. Einem Kind, das mehrere Stunden am Tag fernsieht, entgehen wichtige Lernerfahrungen, die für das spätere Leben von herausragender Bedeutung sind (ausreichende körperliche Bewegung, gute Konzentration, starke Phantasie, ein gut ausgebildetes Reflexionsvermögen und alle übrigen in diesem Buch aufgeführten Fähigkeiten).

Zum anderen heißt Begrenzung, Kinder vor dem übermäßigen Angebot an Spielmaterialien, Freizeitmöglichkeiten etc. zu schützen. Hier geht es darum, dass sie lernen, sich auf wenige ausgewählte Bereiche zu konzentrieren (→ **Interessen**).

Kinder kennen von sich aus keine Begrenzungen und damit keine natürlichen Barrieren. Wann ein Verhalten für sie schädlich bzw. nützlich wird, können sie noch nicht erkennen. Sie müssen diese Unterscheidung erst über die Erziehung mühsam erlernen. Lässt man Kinder so lange fernsehen wie sie wollen, so lange Videospiele spielen wie sie wollen, soviele Süßigkeiten essen wie sie wollen, werden sie sich nur in den seltensten Fällen bei diesen Aktivitäten begrenzen.

Die **Balance zu finden zwischen der Sicherheit herstellenden Konzentration auf eine Sache** (z.B. Interessen) **und der Bewahrung vor Einseitigkeit bei der Beschäftigung** ist das Ziel dieser Strategie und damit die erzieherische Grundhaltung.

Der dreizehnjährige Tim sieht gerne fern. Er spielt auch gerne mit dem Computer, und als nächstes möchte er einen Internet-Anschluss. Diesen Wunsch werden ihm seine Eltern nicht erfüllen, weil sie wissen, dass Tim dann seine anderen Freizeitaktivitäten einschränken wird. Die Grenze ist erreicht. Denn bisher hat Tim, mit Unterstützung seiner Eltern, ein recht ausgewogenes Freizeitverhalten. Er spielt gerne mit Freunden Fußball, beschäftigt sich intensiv mit seinen Interessengebieten. Nichts kommt zu kurz, nichts ist übermäßig vertreten. Demnächst wird Tim einem Fußballverein beitreten und sein Hobby intensivieren. Nicht zuletzt aus diesem Grund sind die Eltern gegen einen Internet-Anschluss.

Die Aufgabe der Eltern bei dieser Strategie besteht im Allgemeinen darin, die Aktivitäten ihrer Kinder zu begrenzen, wo es nötig und möglich ist. Sie sollten Aktivitäten unterstützen, die Ruhe und Besinnung fördern (→ **Zeit,** → **Entspannung**) und die Beschäftigung mit der eigenen Person (→ **Lesen und Schreiben**, → **Interessen**).

Handlungsschritte für die 19. Strategie:

■ Begrenzung von einseitigen und zu vielseitigen kindlichen Aktivitäten
■ Unterstützung von Ruhe und Besinnung fördernden Aktivitäten

Identitätsmerkmal:

■ Erfahren von Ordnung

173

Die 20. Strategie: Kommunikation

Kommunikation ist mehr als nur der Austausch von Nachrichten. Kommunikation ist ebenfalls ein Mittel zur Herstellung von Beziehungen zwischen Menschen. Dort, wo Kommunikation auf einem sprachlichen Austausch basiert, ermöglicht sie die Annäherung von Individuen auf ganz besondere Weise. Im Miteinander-Reden offenbaren sich Welten, indem Meinungen, Perspektiven, Gedanken und Gefühle ausgetauscht werden. In diesem Prozess des Austauschens können neue Einsichten, Erkenntnisse und tiefere Erfahrungen gewonnen werden. Das Miteinander-Reden stellt Beziehungen her und festigt sie.

Menschen sind Wesen, die sich mitteilen wollen. Und Kinder nutzen dafür sowohl das Gespräch mit ihren Eltern als auch Selbstgespräche oder Gespräche mit Stofftieren und Puppen. Das Mit-sich-selbst-Reden oder das Sprechen des Kindes mit seinem Lieblingsstofftier hat eine beruhigende Funktion. Das Hören der eigenen Stimme gibt ihm das Gefühl, sich von etwas – das, was es erzählen möchte oder muss – zu entlasten. Kinder erzählen im Allgemeinen gerne und viel, wenn sie es nicht schon durch einen hohen Fernseh- und Computerspiel-Konsum verlernt haben. Im Erzählen vergewissern sie sich der Welt, die sie umgibt. Sie machen diese durch das Erzählen für sich greifbar und durchsichtig und nehmen ihr dadurch ein wenig von ihrer beklemmenden Bedrohlichkeit.

Wenn Kinder erzählen, dann kommt es nicht so sehr darauf an, dass sie nur »Wichtiges« und Dramatisches zu berichten haben. Es geht vielmehr um die kleinen alltäglichen Geschichten, die sie mitteilen möchten. Im aufmerksamen Zuhören und Nachfragen der Eltern erleben sie das Interesse an ihrer Person. Deutlicher können Eltern es ihren Kindern nicht zeigen, dass sie an ihrem Leben teilhaben. Es fällt ihnen jedoch nicht immer leicht, sich für die Themen zu begeistern, die ihnen präsentiert werden: das Neueste aus der Zeichentrickserie, die Erklärung eines Stunts, das Schwärmen von einer Rockgruppe ... Doch das ist die Welt der Kinder, in dieser Welt leben sie. Und der beste Zugang zum Herzen eines Kindes geschieht darüber, offen zu sein für seine Interessen. Regelmäßig sich mit Kindern zu unterhalten führt dazu, dass diese sich daran gewöhnen, ihre Gedanken und Gefühle mitzuteilen. So befinden sich Eltern »ständig« am Puls ihrer heranwachsenden Kinder.

Kinder zum Sprechen anzuregen, zum Mitteilen ihrer Gedanken, ihrer Stimmungen und Sorgen ist die erzieherische Grundhaltung dieser Strategie.

Die Mutter des zehnjährigen Patrick hat große Probleme mit ihm. Er hört nicht auf das, was sie sagt. Er billigt ihr keine Autorität zu. Er setzt seinen Willen gegen den Willen seiner Mutter. Er wird aggressiv, wenn seine Mutter ihn ermahnt. Patricks Mutter redet viel mit ihrem Sohn. Doch es sind fast ausschließlich Ermahnungen und Schuldzuweisungen, die er zu hören bekommt. Die Mutter hat sich mit Patrick noch nie über Dinge unterhalten, die ihn interessieren, z.B. Autorennen und Zeichentrickfilme. Sie findet keinen Zugang zu seiner Welt. Und hier liegt eines der Hauptprobleme in der Beziehung zwischen den beiden. Nichts tut Patrick lieber, als von Autorennen zu erzählen. Und über das Erzählen über Autos und Rennfahrer erzählt er auch, was er fühlt und was er denkt.

Die Mutter – so schwer es ihr anfangs auch fällt – lernt, sich auf ihren Sohn einzustellen. Sie überrascht ihn mit einigen gezielten Fragen zum Thema Autorennen. Patrick ist verblüfft. Zwischen beiden entwickelt sich ein Gespräch, das zum ersten Mal seit langer Zeit nicht auf Ermahnungen und Schuldzuweisungen basiert. Es dauert ein paar Wochen, bis sich das Klima zu Hause entscheidend zu wandeln beginnt. Die Mutter hat den Zugang zu ihrem Sohn gefunden. Er hört ihr zu, nachdem sie ihm zuhörte. Er »interessiert« sich für ihre Argumente, was das Zusammenleben zwischen ihnen beiden betrifft, nachdem sie sich für seine Lieblingsthemen zu interessieren begann.

Eltern sollten ihre Kinder dazu erziehen, über sich zu sprechen, und ausreichend Zeit dafür einräumen. Alle hier vorgestellten Strategien basieren auf einer guten Kommunikationskultur innerhalb einer Familie. Dort, wo sehr viel miteinander geredet wird, Alltagsgeschichten erzählt, problembeladene Themen ausgetauscht werden, wird die Fähigkeit des Kindes gefördert, sich selbst besser zu verstehen. Im Aussprechen von Gedanken und Gefühlen sowie im Reflektieren dieser Gedanken und Gefühle eröffnet sich dem Kind die Möglichkeit, plötzlich eine Einsicht zu gewinnen, die vorher nicht da war. Dies alles entgeht Kindern, die nicht oder zu wenig sprechen. Je verschlossener ein Kind und später ein Jugendlicher ist, desto schwerer wird es ihm fallen, sich anderen Menschen begreiflich zu machen und letztlich auch sich selbst.

Handlungsschritte für die 20. Strategie:

- Kinder zum Erzählen anregen, wo sie es nicht von selbst tun
- Aufmerksam zuhören
- Sich für die Themen der Kinder interessieren
- Einen regen Gedanken- und Gefühlsaustausch mit den Kindern betreiben

Identitätsmerkmale:

- Über das Erzählen das eigene Ich differenzieren
- Intensivierung der Reflexionsfähigkeit

Kapitel 6
Die 21. Strategie

Was ich verlor, fand ich wieder: mein Gesicht, zertrüm-
mert in lauter kleine Stücke. Was selbst sich einst bildete,
wurde nun von mir erschaffen, in kleinen Schritten, ein
Puzzle von Seelenstücken, die zusammengesetzt zu-
gleich ganz und doch auch wieder einzeln waren und an-
dersherum zusammengesetzt werden konnten und –
passten. Ich wurde der Schöpfer meines Selbst. Ein Wun-
der in einer wahrhaft wundersamen Welt.

Die Strategie der Zukunft

Identität ist nicht etwas, das ein für allemal feststeht. Identität ist kein Bild, das einmal gemalt, kein Text, der einmal
geschrieben, und keine Melodie, die einmal gespielt un-
verändert die Zeiten überdauert. Sie ist vielmehr ein Bild,
das ständig weitergemalt, ein Text, der ständig weiterge-
schrieben, und eine Melodie, die ständig weiterkomponiert
wird.

Bisher war fast ausschließlich von der Herstellung von
Ordnung bzw. Stabilität die Rede, jenes Faktors, der grund-
legend für die Bildung von Identität ist. Möglicherweise
hätte man noch vor ca. dreißig Jahren das Buch an dieser
Stelle enden lassen und damit Identität als ein festumrisse-
nes Gebilde in einer halbwegs noch nach feststehenden und
eindeutigen Regeln funktionierenden Gesellschaft beschreiben können.

Doch wir leben nicht mehr in einer klar strukturierten und übersichtlichen Welt, in der uns allgemein verbindliche Wahrheiten verkündet werden und dies fast zwangsläufig zur Bildung eines stabilen und relativ unveränderlichen Identitätsbewusstseins beiträgt.

Die Basis der Identität ist die Entwicklung von Stabilität, die Ordnung in die Wahrnehmungen des Menschen bringt und ihm innere Bezugspunkte für sein Denken, Fühlen und Handeln liefert. Daran wird sich auch in Zukunft nichts ändern. Die pluralistische Struktur unserer westlichen Gesellschaftssysteme, die in ihrer Vielfältigkeit und Widersprüchlichkeit unser Leben beherrscht, erschwert die Bildung einer stabilen Identität. Über die bisherigen Erziehungsstrategien kann sie durch das Kind entwickelt werden.

Doch zusätzlich zu den beschriebenen Erziehungsstrategien ist wichtig, dass Kinder, die Fähigkeit entwickeln, ihre Identität flexibel gestalten zu können. Flexibilität ist eine der Schlüsselqualifikationen des 21. Jahrhunderts. Ohne sie werden Menschen nicht in der Lage sein, mit dem ständigen Wandel in unseren Gesellschaften angemessen umzugehen. Erst im Laufe der Pubertät kann die Strategie der Flexibilität zum Tragen kommen, obwohl sie bereits in der Kindheit begrenzt eingesetzt werden kann.

Flexibilität beinhaltet die ständige Bereitschaft, sich zu verändern und sich auf Veränderungen einstellen zu können. Flexibilität ist ein Akt ständiger geistiger Beweglichkeit, der dazu führt, sich nicht auf bestimmte Denkweisen, Verhaltensweisen und Einstellungen zu fixieren, sondern sie jederzeit reflektieren und verändern zu können.

Dieses flexible Element von Identität muss sich mit den stabilen Elementen von Identität fruchtbar verbinden und eine Beziehung eingehen, die nicht mehr von ausschließlicher Eindeutigkeit im Erleben der Welt und der Person geprägt ist, sondern von Vieldeutigkeit und von Vielschichtigkeit. Stellen wir uns drei Inseln vor: Die eine ist fest verankert mit dem Grund. Sie verändert ihre Lage nicht. Ihre Position ist eindeutig. Die Person, die auf dieser Insel wohnt, wird immer den gleichen Standort haben. Ihre Identität ist stabil. Aber sie ist auch fixiert. Die zweite Insel treibt haltlos im Meer. Die Person, die auf dieser Insel lebt, hat keinerlei Einflussmöglichkeiten, um die Bewegung der Insel zu stoppen. Die Identität dieses Menschen ist in hohem Grade instabil, da sie die Bewegung, die sie erlebt, nicht kontrollieren kann. Die dritte Insel ist über einen Anker mit dem Grund verbunden. Der Anker kann jederzeit eingeholt und damit die Insel in Bewegung gesetzt werden. Wann dies geschieht, bestimmt die Person, die den Anker auswirft oder einholt. Die Identität dieser Person ist stabil und flexibel zugleich.

DIE 21. STRATEGIE: Flexibilität

Etwa ab dem fünften Lebensjahr kann behutsam mit dem Einsatz der 21. Strategie begonnen werden. Dabei geht es nicht darum, ein Kind schon vor der Pubertät zu all den Unsicherheiten, die es in der Welt bereits erleben muss, noch zusätzlich zu verunsichern. Es geht vielmehr darum, es für eine Fähigkeit zu sensibilisieren, die mit zunehmendem Alter für den privaten und beruflichen Erfolg eines Menschen von immer größerer Bedeutung wird. Es ist hierbei nicht allein Aufgabe der Eltern, ihre Kinder zur Flexibilität zu erziehen bzw. anzuregen. Primär wäre es – und der Konjunktiv ist mit Bedacht gewählt – eine Aufgabe, mit der im Kindergarten begonnen werden könnte und die vor allem in der Schule ihre Ausprägung erfahren sollte.

Eltern wie auch ErzieherInnen und LehrerInnen können die Flexibilität von Kindern trainieren, indem sie deren Phantasie fördern. Dies hieße, Kinder z.b. dazu anzuregen, erzählte oder bekannte Geschichten mit eigenen und jeweils neuen Verläufen und Schlüssen zu versehen. Im Elternhaus, im Kindergarten und in der Grundschule kann auf diese Weise spielerisch die Fähigkeit eingeübt werden, einem allzu einseitigen Verständnis von Eindeutigkeit vorzubeugen, ohne dabei die notwendige Herstellung von Ordnungen zu gefährden. In der Schule schließlich käme es darauf an, neben diesem phantasiefördernden Vorgehen, Kinder und Jugendliche dazu anzuregen, ihre Meinungen und Überzeugungen zu hinterfragen und zu relativieren, sie aus anderen Perspektiven zu betrachten, sich probeweise in eine oder mehrere andere Perspektiven hineinzuversetzen und auf diese Weise den Sinn für alternative Möglichkeiten zu schärfen. Das alles schult Flexibilität.

Phantasiereichtum, ein hohes Maß an Reflexionsfähigkeit und eine intensive Kommunikation zwischen Eltern und Kindern sind unerlässliche Voraussetzungen, um eigene Denk- und Verhaltensweisen hinterfragen und verändern zu können (→ **Phantasie**, → **Reflexion**, → **Kommunikation**). Erziehung zur Flexibilität kann nur dort auf fruchtbaren Boden fallen, wo eine Kommunikationskultur in Familien und in Schulklassen herrscht, die von Vertrauen und gegenseitigem Respekt getragen wird und wo das Miteinander-Reden über Gedanken und Gefühle zu einer Selbstverständlichkeit geworden ist.

Die erzieherische Grundhaltung für diese Strategie beinhaltet das Ziel, **Stabilität im Erleben nicht aufzulösen,**

sondern sie dort zu relativieren und Möglichkeiten für neue Denk- und Handlungsweisen zu eröffnen, wo es nötig ist.

Die zwanzigjährige Denise hat einen guten Schulabschluss erreicht. Mit ihrem Abitur bewirbt sie sich bei verschiedenen Firmen. Sie wird zu einigen Vorstellungsgesprächen eingeladen. Trotzdem gelingt es ihr nicht, eingestellt zu werden. Als sie sich gemeinsam mit ihrer Freundin bei einer Firma bewirbt und ihre Freundin die Stelle bekommt, obwohl diese einen wesentlich schlechteren Notendurchschnitt hat, kommt Denise langsam ins Nachdenken. Es wird ihr zunehmend bewusst, dass ihr Misserfolg etwas mit ihrer Person zu tun haben muss. Mit ihren Eltern, zu denen sie ein gutes Verhältnis hat, überlegt sie, was sie an sich verändern muss, um ihre Chancen in Bewerbungsgesprächen zu erhöhen.

Es wird ihr klar, dass insbesondere ihre zur Schau gestellte Arroganz und Gleichgültigkeit gegenüber Menschen – die aus Unsicherheit ihnen gegenüber resultiert – ein entscheidender Faktor ist, der ihr bisher den Start ins Berufsleben versperrt hat. Es ist für Denise nicht leicht, dies für sich zu erkennen und zu akzeptieren. In vielen Gesprächen mit ihren Eltern lernt sie, sich besser einzuschätzen, ihre »blinden Flecke« zu erkennen und sich mit ihnen intensiv auseinander zu setzen. Gleichzeitig lernt sie, sich in Vorstellungsgesprächen anders zu präsentieren. Dies ist für sie nicht einfach, doch es gelingt ihr, sich soweit von ihrer eigenen Person zu distanzieren, dass sie ihre Schwachstellen und Probleme aus einer »anderen« Position beobachten und somit wichtige Veränderungen einleiten kann. Es dauert noch einige Monate, bis Denise schließlich mit einer ihrer Bewerbungen Erfolg hat.

Ganz anders hingegen der zweiundzwanzigjährige Thomas. Auch er hat einen guten Notendurchschnitt im Abitur. Auch er scheitert in Bewerbungsgesprächen aus ähnlichen Gründen wie Denise. Doch Thomas ist nicht bereit, sich zu verändern. Er sucht die Fehler bei anderen. Die müssen sich ändern. Das steht für ihn fest. Da dies nicht geschieht, ist er verbittert, was ihn noch arroganter werden lässt. Er ist nicht dazu in der Lage, über sich differenziert nachzudenken und sich auch nur im Ansatz in Frage zu stellen.

Es gehört sicherlich zu den schwierigsten – wenn auch in unserer Zeit zu den wichtigsten – Aufgaben des Menschen, sich selbst aus einiger Distanz zu betrachten und Dinge an sich wahrnehmen zu können, die manchmal alles andere als schmeichelhaft für ihn sind. Die Bereitschaft, sich zu verändern, neue Wege zu gehen, auf alte, lieb gewordene Einstellungen und Vorstellungen zu verzichten, Unsicherheiten zu durchleben und mit ihnen leben zu können, zeigt ein hohes Maß an Flexibilität.

Eltern, denen es gelingt, ihren Kindern diese Flexibilität nahe zu bringen, indem sie sie zum Nachdenken über ihr Leben und über ihre Person anregen, haben einen entscheidenden Schritt dazu getan, dass ihr Kind sich in unserer heutigen Welt zurechtfinden kann.

Handlungsschritte für die 21. Strategie:

- Kinder bis zum Jugendlichenalter zu Phantasiespielen anregen
- Reflexion von feststehenden Eindeutigkeiten
- In-Frage-Stellen von Eindeutigkeiten, Positionen, Einstellungen
- Warum-Fragen stellen
- Zu Perspektivenwechsel anregen (andere Rollen spielerisch übernehmen)

Identitätsmerkmale:

- Erkennen und Umgehen-Können mit der eigenen Vielfältigkeit
- Veränderungsfähigkeit

Die Zukunft ist die Hoffnung unserer Kinder

Die Zukunft darf kein Niemandsland für Kinder sein. Obwohl unsere Gesellschaft immer unüberschaubarer wird, ständigen Veränderungsprozessen ausgesetzt ist, bedeutet dieser Umstand nicht, dass Erziehung und auch Erziehung zur Identität zu einer Unmöglichkeit geworden ist. Es ist in diesem Zusammenhang bedauerlich, dass vergangene wie gegenwärtige Regierungen in unserem Land nicht ausreichend in die Zukunft unserer Kinder investieren. Das größte Kapital, das eine Gesellschaft haben kann, sind ihre Kinder. Dieses humane Kapital wird nicht bzw. nur ungenügend entwickelt. Es würde Milliarden kosten, in Erziehung, in die Verbesserung der sozialen Infrastruktur zu investieren. Diese Investition wäre eine langfristige, mit der man kurzfristig keine politischen Punkte machen kann und die deshalb nicht getätigt wird.

Eltern sollte dies bedenklich stimmen, doch nicht entmutigen. Zwar sind sie auf sich selbst angewiesen – das waren sie schon immer –, doch können sie mit Hilfe der hier beschriebenen 21 Erziehungsstrategien viel dazu beitragen, dass aus ihren Kindern Menschen werden, die selbstverantwortlich handeln und sich ihrer selbst sicher sind, indem sie eine stabile und gleichzeitig auch flexible Identität entwickeln und damit ein zufriedenes Leben werden führen können.

Können wir auch unsere Kinder nicht zu exakt den Werten, Vorstellungen und Einstellungen erziehen, die uns als

Erwachsene wichtig sind, so können wir ihnen doch die grundlegende Struktur vermitteln, die es ihnen ermöglicht, darauf basierend selbst die nötigen Werte und Einstellungen zu entwickeln. Im Gegensatz zu jenen Kindern mit einer instabilen Identität sind sie nicht Opfer ihrer Lust- und Unlustgefühle und einer Konsumindustrie, die ihnen einreden will, dass nur Kaufen sie glücklich machen wird.

Die hier vorgestellten Erziehungsstrategien sind 21 Teile eines Puzzles. Wie und wann sie sich im Prozess der Erziehung oder darüber hinaus zusammenfügen, kann niemand voraussagen. Aber wenn sie sich zusammenfügen, dann ergänzen sie sich gegenseitig und wirken derart aufeinander ein, dass sie sich in ihrer Wirkung wechselseitig verstärken. Gelingt es Eltern, diese Grundlagen, diese Struktur bei ihren Kindern anzulegen, dann haben sie viel erreicht. Denn wenn ein Mensch seine Basisfähigkeiten entwickelt, Sicherheit im Umgang mit für ihn bedeutsamen Menschen erlebt und über die Erziehung Stabilität und zugleich Flexibilität in seinem Denken und Handeln erfahren hat, wird er fähig, sich der Vielfalt der Welt und der Vielschichtigkeit seines Ich zu stellen und damit angemessen umzugehen. Nur auf diese Weise kann er die Angst überwinden, die jeden befällt, der die Erfahrung machen muss, dass es in dieser Welt keine eindeutigen und ein für allemal gültigen Wahrheiten und Verbindlichkeiten gibt. Und damit wird aus der Zukunft kein Niemandsland für Kinder, sondern eine Chance, die sie zu nutzen wissen werden.

Literatur

Baacke, D., Sander, U., Vollbrecht, R. u.a.: *Kinder und Werbung.* Schriftenreihe des Bundesministeriums für Frauen und Jugend, Stuttgart, Berlin, Köln, 1993

Berger, Peter L., Luckmann, Thomas: *Modernität, Pluralismus und Sinnkrise. Die Orientierung des modernen Menschen.* Bertelsmann Stiftung, Gütersloh, 1995

Beck, Ulrich: *Die Risikogesellschaft. Auf dem Weg in eine andere Moderne.* Suhrkamp, Frankfurt a.M., 1986

Bly, Robert: *Die kindliche Gesellschaft. Über die Weigerung, erwachsen zu werden.* Kindler, München, 1997

Bolz, Norbert: *Die Sinngesellschaft.* Econ, Düsseldorf, 1997

Borg-Laufs, Michael: *Aggressives Verhalten: Mythen und Möglichkeiten.* dgvt-Verlag, Tübingen, 1997

Borg-Laufs, Michael (Hrsg.): *Lehrbuch der Verhaltenstherapie mit Kindern und Jugendlichen.* dgvt-Verlag, Tübingen, 1999

Dieckmann, Dorothea: *Kinder greifen zur Gewalt.* Rotbuch Verlag, Nördlingen, 1994

Eike, Ulrich, Eike, Wolfram: *Medienkinder. Vom richtigen Umgang mit der Vielfalt.* München, Knesebeck, 1994

Erikson, Erik H.: *Jugend und Krise. Die Psychodynamik im sozialen Wandel.* Klett-Cotta, Stuttgart, 4. Aufl. 1998

ders.: *Identität und Lebenszyklus. Drei Aufsätze.* Suhrkamp, Frankfurt a. M., 1993

Fromm, Erich: *Haben oder Sein. Die seelischen Grundlagen einer neuen Gesellschaft.* dtv, München, 1992

Gardner, Howard: *Der ungeschulte Kopf. Wie Kinder denken.* Klett-Cotta, Stuttgart, 3. Aufl. 1996

Gergen, Kenneth J.: »Das Ich der Zukunft«. In: *Psychologie heute,* 12/1991

ders.: »Sinn ist nur als Ergebnis von Beziehungen denkbar«. In: *Psychologie heute,* 10/1994

ders.: »Die Konstruktion des Selbst im Zeitalter der Postmoderne«. In: *Psychologische Rundschau,* 41, 1990

ders.: *Das übersättigte Selbst. Identitätsprobleme im heutigen Leben.* Carl-Auer-Systeme Verlag, Heidelberg, 1996

Haußer, Karl: *Identitätspsychologie.* Springer, Berlin, Heidelberg, New York, 1995

Hurrelmann, Klaus: *Sozialisation und Gesundheit. Somatische, psychische und soziale Risikofaktoren im Lebenslauf.* Juventa, Weinheim, München, 2. Aufl. 1991

ders.: »Die alten Kinder«. In: *Psychologie heute,* 10/1994

Illich, Ivan, Sanders, Barry: *Das Denken lernt schreiben. Lesekultur und Identität.* Hoffmann und Campe, Hamburg, 1988
Keupp, Heiner: *Riskante Chancen. Das Subjekt zwischen Psychokultur und Selbstorganisation.* Sozialpsychologische Studien. Asanger, Heidelberg, 1988
ders.: »Auf dem Weg zur Patchwork-Identität«. In: *Verhaltenstherapie und psychosoziale Praxis,* Nr. 4, 1988
ders.: *Ermutigung zum aufrechten Gang.* dgvt-Verlag, Tübingen, 1997
Keupp, Heiner, Bilden, Helga (Hrsg.): *Verunsicherungen – Das Subjekt im gesellschaftlichen Wandel.* Münchner Beiträge zur Solzialpsychologie. Hogrefe, Göttingen, Toronto, Zürich, 1989
Kösters, Winfried: *Politik für die nächste Generation: Kinder-, Jugend- und Familienpolitik in Deutschland.* Olzog, München, 1999
Mussen, Paul, Huston Aletha C. u. a.: *Lehrbuch der Kinderpsychologie.* Band 1 und 2. Klett-Cotta, Stuttgart, 1999
Oerter, Rolf, Montada, Leo u. a.: *Entwicklungspsychologie.* Psychologie Verlags Union, Weinheim, 4. Aufl. 1998
Petermann, Franz (Hrsg.): *Lehrbuch der klinischen Kinderpsychologie und -psychotherapie.* Hogrefe, Göttingen, Toronto, Zürich, 4. Aufl. 2000
Pirandello, Luigi: Die Ausgestoßene. Einer, keiner, hunderttausend. Propyläen, Berlin, 1998
Postman, Neil: *Das Verschwinden der Kindheit.* Fischer, Frankfurt a.M., 11. Aufl. 1999
ders.: *Die Verweigerung der Hörigkeit.* Fischer, Frankfurt a.M., 1988
ders.: *Wir amüsieren uns zu Tode. Urteilsbildung im Zeitalter der Unterhaltungsindustrie.* Fischer, Frankfurt a.M., 9. Aufl. 1997
ders.: *Das Technopol. Die Macht der Technologien und die Entmündigung der Gesellschaft.* Fischer, Frankfurt a.M., 1992
Sanders, Barry: *Der Verlust der Sprachkultur.* Fischer, Frankfurt a.M., 1998
Schulze, Gerhard: *Die Erlebnisgesellschaft. Kultursoziologie der Gegenwart.* Campus, Frankfurt a.M., 8. Aufl. 2000
Struck, Peter: *Familie und Erziehung. Pädagogik zum Anfassen für Eltern, Lehrer und Erzieher.* H. Luchterhand, Neuwied, Kriftel, Berlin, 3. Aufl. 1995
Wyrwa, Holger: *Pädagogik, Konstruktivismus und kognitive Sicherheit. Zur kognitiven Autonomie in pluralistischen Gesellschaftssystemen.* G. Mainz, Aachen, 1996
ders.: *Die Schlaraffenlandkinder. Entmachten Sie die kleinen Tyrannen zu Ihrem eigenen Besten.* Ullstein, München, 2001
ders.: *Endstation Schlaraffenland. Was tun, wenn Jugendliche ihre Eltern terrorisieren.* Ullstein, München, 2001
Wyrwa, Holger, Buntrock, Martin: *Der kleine König Siebenreich und der Zauberwald der Klänge. Ein Programm zur Förderung der Konzentration bei Kindern von drei bis sieben Jahren.* Verlag M. Buntrock, Dorsten, 2001

191

Die Deutsche Bibliothek – CIP-Einheitsaufnahme
•Ein Titeldatensatz für diese Publikation ist bei der
Deutschen Bibliothek erhältlich.

1 2 3 4 5   05 04 03 02 01

© 2001 Kreuz Verlag GmbH & Co. KG Stuttgart, Zürich
Ein Unternehmen der Verlagsgruppe Dornier
Postfach 80 06 69, 70506 Stuttgart, Tel.: 0711/78 80 30
Sie erreichen uns rund um die Uhr unter www.kreuzverlag.de
Umschlaggestaltung: Atelier Reichert, Stuttgart
Umschlagfoto: Frozen Images / Premium
Satz: Rund ums Buch – Rudi Kern, Kirchheim/Teck
Druck und Bindung: GGP Media, Pößneck

Die Schreibweise entspricht den Regeln der neuen
Rechtschreibung.

ISBN 3 7831 1995 2